MIT 管理前沿

数字时代的领导力

技术影响下的领导力革新

LEADING IN THE DIGITAL WORLD
How to Foster Creativity, Collaboration, and Inclusivity

［印］阿米特·S.穆克吉（Amit S. Mukherjee）—— 著
马旭飞　李长霞 —— 译

浙江大学出版社
ZHEJIANG UNIVERSITY PRESS
·杭州·

图书在版编目（CIP）数据

数字时代的领导力：技术影响下的领导力革新 /（印）阿米特·S.穆克吉著；马旭飞，李长霞译. — 杭州：浙江大学出版社，2023.4
书名原文：LEADING IN THE DIGITAL WORLD: How to Foster Creativity, Collaboration, and Inclusivity
ISBN 978-7-308-23413-9

Ⅰ. ①数… Ⅱ. ①阿… ②马… ③李… Ⅲ. ①领导学—研究 Ⅳ.①C933

中国版本图书馆CIP数据核字(2022)第245738号

Leading in the Digital World
By Amit S. Mukherjee
Copyright ©2020 Massachusetts Institute of Technology
Published by arrangement with The MIT Press & Bardon-Chinese Media Agency
Simplified Chinese translation copyright ©2022
by Hangzhou Blue Lion Cultural & Creative Co.,Ltd.
All RIGHTS RESERVED.
浙江省版权局著作权合同登记图字：11-2022-419

数字时代的领导力：技术影响下的领导力革新

（印）阿米特·S.默克吉 著 马旭飞 李长霞 译

策　　划	杭州蓝狮子文化创意股份有限公司
责任编辑	顾　翔
责任校对	张一弛
封面设计	邵一峰
出版发行	浙江大学出版社
	（杭州市天目山路148号　邮政编码　310007）
	（网址：http://www.zjupress.com）
排　　版	杭州林智广告有限公司
印　　刷	杭州钱江彩色印务有限公司
开　　本	880mm×1230mm　1/32
印　　张	8.375
字　　数	187千
版 印 次	2023年4月第1版　2023年4月第1次印刷
书　　号	ISBN 978-7-308-23413-9
定　　价	68.00元

版权所有　翻印必究　印装差错　负责调换
浙江大学出版社市场运营中心联系方式：0571-88925591；http://zjdxcbs.tmall.com

致
埃里克·默克吉（Eric Mukherjee），一名求学中的学者
和
维杰·盖伊（Vijay Ghei），一位杰出的创造者

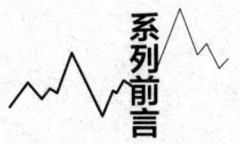

  我们所生活的世界并不缺少管理方面的观点,因为每年都有成千上万的研究人员、实践者和专家通过数以万计的文章、书籍、研究报告和视频来表达他们的管理学观点。但实际上,能够在实践中真正帮助企业做出改变的观点寥寥无几,能够促进企业管理变革的观点更是少之又少。因此,我们才会尝试通过这个系列去发现那些对企业的实践有意义、以证据为基础、为未来的商业提供构想的闪光观点。

保罗·米歇尔曼(Paul Michelman)
麻省理工学院《斯隆管理评论》主编

一本不同于过去的领导力图书

当你在亚马逊网站搜索"商业领导力书籍"时,亚马逊可能会向你展示超过5万个搜索结果。因此,你可能会问:"这本书有什么不同吗?"当你读完这篇前言以后,如果我的回答还是完全没有(或者几乎没有)引起你的兴趣,那么我只好抱歉地请你慎重考虑不再购买、借取和阅读本书。

在我看来,大部分领导力书籍往往会采用两种错误观点中的一种

第一类错误的观点是:"想要提升领导力,那就去模仿一位伟人(通常是男性)所展现出的处事态度、行为方式或者个人特质。"这位伟人通常会是一个非常外向且富有的高加索裔美国人或英国人,而这些身份已经将世界上大多数人排除在外,甚至排除了大多数美国人、英国人、加拿大人、澳大利亚人和新西兰人。但不能否认的是,这些观点已经在现实中造成了偏见:最近我甚至还听到一位知名商学院讲领导力课程的网红教授夸赞并列举方下巴的优点,并建议女性压低自己的嗓音。但是,尽管你个人刚好符合以上所提到的这几类形象,我也建议你:不要盲目地信服于它们。因为在数字世界里,那些对你的成功真正能够产生重大影响的人并不会盲从这些声音。

第二类错误的观点是:"我们的研究(基于大量的数据)表明,某些胜任力是领导力的关键。"一方面,这些"胜任力模型"的潜在条件是假设过去有效的能力在现在和未来仍然有效。另一方面,这些观点往往包含了一些毫无根据的文化假设。例如,有人认为,当自己的下属受到上级的指责时,那些尽职尽责的人不太会偏袒他们。在这些人的文化里,不尽职尽责显然是不光彩的。因此,难怪有许多亚太区的企业高管更倾向于采纳一种"亚洲式"的领导风格。不过这种解决方案是有问题的,因为在数字时代中,商业领导力模型包括必须平等地接纳不同地区的文化,而不是用一种文化模式来取代另一种文化模式。

此外,领导力模型通常忽略技术所带来的巨大影响

领导力专家往往认为他们的观点具有普适性且经久不衰,却没有发现他们鲜少提及技术方面。然而,数字技术专家仅仅将领导力视为指导复杂项目的必要工具。这两个群体都忽视了数字技术要求领导者做出的改变。

一项杰出的学术研究对几个世纪以来技术和商业的共同进化进

行了研究,确定了那些产生了剧烈变化的"划时代"转变。每一次,一系列新技术——比如今天我们所说的数字技术——都能将企业的运行效能提高几个数量级。这些技术具有很长的影响弧——可能是几十年,甚至是几个世纪之后,我们仍然在使用它们。不出所料,拥抱这些技术的企业往往会大展宏图,而那些拒绝的企业则不可避免地步履蹒跚。

然而,接受这些技术并非易事:因为一个影响深远的技术可能会要求企业对业务、价值观和组织结构进行十分艰难的改革,从而进一步改变公司,甚至社会。

本书不同于其他所有领导力图书,它提供了一种将数字技术的影响考虑在内的领导力模式。值得庆幸的是,它没有加入爱使用"颠覆"措辞的商业潮流中。要知道,如今"颠覆"这个词已经被领导力书籍滥用、与最初含义背道而驰很久了。本书致力于准确地描述数字技术是如何打破工作和组织结构的陈规,从而推动形成领导力的。**从本质上讲,这些变化使领导者能够具备甚至要求领导者富有创造力,要求他们能够通过回顾过去的经验和方法,提出工作形式或组织结构上的新想法。**这使得数字时代与20世纪初的企业领导者坚持优化生产力的情形截然不同。

无论是性别、国籍还是文化,我们都需要适应这种变化。否则,我们很可能会如同那些抵制先进技术的旧时代领导者一样,被时代的洪流抛下。

我将竭诚通过本书与你分享我的过往实战经验与学术成果

本书借鉴了多个学科的研究成果,也涉及本书撰写过程中所进行的专门研究。在我任职于国际管理学院（IMD）讲授领导力和战略学科时，在学院的慷慨资助下，我得以采访来自世界各地的商界领袖，并对全球逾700位高管展开了调研。本书也引用了我之前在麻省理工学院《斯隆管理评论》及《哈佛商业评论》《福布斯》等管理专业期刊上发表的研究成果，以及为全球企业领导者提供的工作报告。此外，在这本书中，我还分享了自己在学术界之外近20年的实际工作经验。作为两家跨国技术咨询公司的（共同）合伙人，以及一家在纳斯达克上市的小规模公司的首席技术和战略官，我带头开展并完成了许多看似无法完成的数字化和非数字化技术项目。同时，在大型咨询公司以及后来自己所创立的精品咨询公司工作期间，我也为许多全球知名企业中的CXO[①]级别的高管，提供了许多关于如何解决数字技术带来的领导力和战略挑战的建议。

无论你是现任高管还是商科学生，这本书都会让你在重视开发和执行新想法的环境中发挥领导作用，而不是让现有的想法更快或更便宜。它不是规定要立即实施的五件事的清单，而是讨论你应该接受的心态、行为和行动，解释为什么这些很重要。个人的改变需要时间，所以这本书也会帮助你优先处理与你相关的问题。

---

① X可被替换为E、F、O等，构成CEO、CFO、COO，即X表示中间可被替换的称谓。

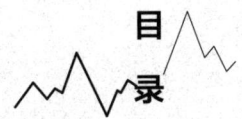

第 1 章　领导力思想的诞生与消亡　　　　　　　　　　001

第一部分　数字技术到底在做什么

第 2 章　重构工作和组织——六项原则　　　　　　　　021

第 3 章　VUCA 数字世界——第七原则　　　　　　　　041

第 4 章　数字技术对领导力的影响　　　　　　　　　　050

第二部分　引领创新

第 5 章　人才的多面性　　　　　　　　　　　　　　　073

第6章	宽展翼，而非长尾	092
第7章	具有真正的合作精神	105
第8章	倡导创造力	121

第三部分　创造性工作指南

| 第9章 | 划定不可逾越的界线 | 151 |
| 第10章 | 发展你的战略意图 | 167 |

第四部分　去往何处

第11章	确立个人的领导哲学	195
注　释		202
致　谢		255

第 1 章 领导力思想的诞生与消亡

> 不懂铭记历史的人注定要重蹈覆辙。
>
> ——乔治·桑塔亚纳（George Santayana），
> 《常识中的理性》第 1 卷

让我们首先完善并构建基于技术的领导力观点。纵观人类历史，人们都喜欢在战争中进行杀戮，而战争文物则被保存在了全球各地的博物馆之中。各国政府一直将"保护国家安全"视为首要责任，并投入大量的财政资金在军事武器上。有的国家甚至可能还会为了军事而牺牲其他核心领域的需求与发展，这就是经济学中的"枪与黄油"矛盾。这使得从古至今的武器制造商一直站在技术和组织变革的前沿，他们的成果也随后渗透到了经济的各个领域之中，首先是生产制造行业，然后是其他产业。

20 世纪 80 年代中期，哈佛商学院前教授拉姆钱德拉·贾库马尔（Ramchandran Jaikumar）对拥有将近 500 年枪支制造历史的伯莱塔公司（Beretta）进行了研究。[1]一直以来，伯莱塔公司都由同一个家族所掌管，因此，这个家族能够给他提供详尽的研究记录。再加上枪支的基本结构不会随着时间而发生改变，即便有，那些发生了变化的地方也能够很容易地被辨别出来。这些因素使得贾库马尔教授有机会基于枪支制造这一尖端行业，就商业和技术的共同进化关系进行相关研究。

贾库马尔认为，社会的发展历经了多次"划时代"的转变，正是这些转变导致了社会和企业的动荡变化。其中，每次新技术的应用都使质量和生产率出现跃进式的提升，同时那些新技术对后续社会的影响弧也都十分长，人们在几十年甚至几个世纪后仍然使用着它们。因此，企业若想持续经营下去，就必须学会拥抱新技术。

但是企业想要采用新技术并不是件容易的事：具有长影响弧的技术往往会对企业带来颠覆性的变革。这些变革可能是十分艰巨的，因为它将影响企业的工作形态、组织结构、员工数量、知识需求、工作安排和方式、关键技能和组织价值观。实际上，"企业"一词的定义每隔几十年也会发生巨大的变化。

在公元1800年前后，千分尺和三角投影工程制图法的发明推进了"英式体制"的建立，使员工能够通过这些工具对所生产的产品进行检测和调整。公司开始直接雇用工人并扩大规模，而行会崩溃，推进了契约奴役制的废除。但几十年后，通止规和其他专用仪器的发明则促使了"美式体制"的普及。只有熟练工才能够较好地掌控英式体制下检测对精度的要求，而美式体制却恰恰相反，它能够最大限度地接受配对零件之间可能产生的误差间隙。这一看似微小的变化，却大力推动了大规模生产制造模式的出现，使得企业可以雇用更多的非熟练工人，甚至可以将这部分工作外包出去。这样一来，对社会产生的影响也是巨大的，大量的人口不再务农，而是选择去城市里的工厂工作。

值得注意的是，如今我们仍然在大量使用对那个时代造成深远冲击的科学技术：千分尺、三角投影工程制图法和通止规。这些如今被湮没或者忽略的技术对社会发展所起到的作用，实际上与蒸汽机等举世闻名的技术不相上下，它们同样参与推动了工业化变革的进程。

科学管理与威权领导时代

20世纪初期，大型工厂进行大规模生产所需的所有条件是基本一致的。可互换零件的出现降低了制造工件时的精度要求，也降低了生产时间和成本；而电力供应使许多机器的运行不再受限于地域环境；爱迪生的灯泡作为多位发明家成果的集合产物，使许多人的工作能够不再依赖自然光。

因此，费雷德里克·温斯洛·泰勒（Frederick Winslow Taylor）才有机会研究如何进一步提高人们的生产力。泰勒借助秒表和写字板对生产细节进行研究，研究人们在生产中的移动规律，例如他们做了什么，为什么要这么做，以及每个工作环节耗费了多少时间。他发现，在人们疲倦、饥饿或需要休息的时候，生产效率就会下降。一个人看似能完成很多事情，并不等同于他能熟练地完成相应工作。此外，哪怕事前精心分配了工作任务，也总是会有一些人比同伴表现得更加出色。因此，泰勒提出，遵循劳逸结合的专业化分工的生产方式能使生产效率提高。一个多世纪后，工业工程师仍然基于类似的"工时与动作研究"理论来设计工作，包括对机器人的工作设计。

这一观点推进了工作职能的形成，好处是更明确地界定了个人工作范围，但与此同时，也在一定程度上剥夺了员工自由选择工作内容的权利。一方面，员工被不断灌输"最佳原则"的思想；另一方面，他们的权利亦被无情地移交给了主管经理。这一时期的经理可以不需要任何解释就直接命令工人必须做什么、什么时候做，以及如何完成工作，他们甚至还可以对那些未达到要求的员工施行惩罚。

基于工时与动作研究设计出的流水线不仅成为规模化生产的核心模式，也被树立为反人类合作的模式典型。在这种模式下，员工无法了解到整个生产流程的全貌，许多工厂甚至禁止并肩工作的员工在工作时彼此聊天。[2]

更进一步地，在不断向各个管理层级宣传注重效率、用数据说话的"最佳原则"理论后，企业已经变成了巨大的机器，而员工只不过是机器中的一个个齿轮，那些有明确的职责边界却缺少专业技术的部门如今正被谴责为一座座的"孤岛"。

人们总是默认经理是对的，即使他很可能并不懂多少。对于经理人来说，效仿那个时代的强盗大亨企业家们那种咄咄逼人、毫不留情、不准反对的风格并不费多大力气。要知道，威权领导这种管理风格已经统治企业管理领域几十年了，一直到20世纪60年代初，日本才开始兴起其他管理风格，而对于西方国家来说，除此之外的其他管理风格的兴起和普及，已经是20世纪80年代中后期的事了。

如今，虽然威权主义已不再是唯一的管理风格，但它的出现常常会带来极具破坏力的影响，且这种影响已经远远超出了我们对无条件服从所产生的后果的预期。全球商业权威杂志《财富》会定期发布关于"美国最强硬领导者"的专题盘点，其中1989年的专题[3]对50多位入选者中的7位进行了深入分析。专题指出，"强硬"的表现可能是出于"建设性和合法性目的"，但也可能是"出于管理者的无聊或任性，就将人们逼迫至极限"。而且这些企业领导者全都存在用言语辱骂员工的情况，据传有些人甚至会向让其感到不快的下属投掷重物，但对此类行为，《财富》杂志后来补充强调了一句："我们没有发现任何暴力事件。"

1993年的专题盘点[4]开头这样写道："在一个无止境重组的时代，像罗伯斯庇尔这样专横武断的刽子手也只不过是冰山一角，这些领导者很擅长通过扰乱员工思想来施加痛苦。"在排除超过70位之前有上过"美国最强硬领导者"榜单的领导者后，记者对最终入围的7位首席执行官开展了"深入透彻"的调查。记者们发现，如今，极端的强硬似乎意味着更多——坦白地讲，可以把那些领导的表现特质想象成一种心理虐待类的怪癖，一种通过十分残忍的方式来表达观点或者是对下属像进行像种族歧视一样的欺凌的特质。哈佛商学院领导力荣誉退休教授亚伯拉罕·扎莱兹尼克（Abraham Zaleznik）曾说道："单纯使用暴力的时代虽然已过去，但如今的你还需要应对各种心理压迫，这才是最残酷的地方。"有时，藏在如何驱动员工的疑问背后的，可能是周而复始的恶语相加。

许多美国最负盛名的首席执行官之一以及世界闻名的标准普尔500强和财富500强公司的领导者都榜上有名，比如宝洁的埃德温·阿尔兹特（Edwin Artzt）、美国航空公司的罗伯特·克兰德尔（Robert Crandall）、美国国际集团的莫里斯·格林伯格（Maurice Greenberg）、英特尔的安迪·格鲁夫（Andy Grove）、当时在 NeXT 的史蒂夫·乔布斯（Steve Jobs）、百事可乐的安德拉尔·皮尔森（Andrall Pearson）、西尔列制药的唐纳德·拉姆斯菲尔德（Donald Rumsfeld）和通用电气的杰克·韦尔奇（Jack Welch）。同事给他们取的绰号或《财富》所代指的名称也有所表明：黑暗王子、开膛手杰克、蓬巴杜恶霸、杰基尔博士，还有冷酷、刻薄的海德先生。显然，威权式并不是一种少见的模式，它是美国企业普遍采用的领导方式。

在 1986 年《纽约时报》的一篇文章中[5]，被认为是目前在领导力学界最有影响力的研究人员之一的丹尼尔·高尔曼（Daniel Goleman）博士指出："专家们说，好老板是一个更加统一的群体：通常，他们了解公司的业务，并执行分配给他们的任务；同时他们还帮助员工成长，既奖惩分明，又能够营造一种开放交流的氛围。"请注意，他并没有提及自我驱动、令人振奋、创造性思维，或任何我们如今仍在试图寻找的其他特质。

高尔曼博士还列举出了一些与"好老板"特质形成鲜明对比的人。例如胡安·特里普（Juan Trippe，泛美航空公司前董事长）是 20 世纪 60 年代最受尊敬的领导者之一，但高尔曼博士称胡安为"卑鄙"和"反复无常"的领导者。除此之外，他还将化妆品公司露华浓（Revlon）的负责人查尔斯·雷夫森（Charles Revson）描述为"一个无情、粗鲁、专横的当权者"，认为在他的统治下，露华浓内部"偏执狂盛行"。

高尔曼博士还通过创造领导力中心对 8 家大型集团的高管进行了研究。（温馨提示：当你阅读本节内容时，请记住，这些观点仅来自这个优胜劣汰世界中的胜者，而未包含普通中层管理人员或基层员工的反馈。）

研究采访了 8 家大型集团中排名前 100 的管理者中的优秀高管，试图了解他们职业生涯中的关键事件以及老板在其中所扮演的角色。其中，最常被提及的反派是被称为"伪君子"的老板，他们被员工认为是缺乏基本诚信的人……"野蛮人"一词在名单上也很靠前，在员工的描述中，这样的老板会用自己的方式恐吓任何提出反对声音的人，如果有人自行做了决定或坚持己见，他就会生气……下一个高频出现的是"令人不适的"老板，意指对员工没有丝毫尊重的人。这样的老板会轻视、贬低以及羞辱他们的下属，比如当众严厉批评或者辱骂某一位下属。

对于这些评价，大家丝毫不用感到奇怪。因为直到 20 世纪 80 年代初期，美国商学院仍在传授这种不择手段式的领导理念。举个例子，在我攻读 MBA 的名牌学校里，我们讨论并研究了关于哈罗德·杰宁（Harold Geneen）的案例，他当时在一家美国大型公司 ITT[6] 任董事长兼首席执行官。案例中还附带了一段视频，视频展示了他正在辱骂一位没有提供领导所需结果的副总经理。班上有一半的同学认为他这样做是可以接受的，另一半则纠结于公开辱骂高级管理者到底是不是获得结果的正确方式。但是包括教授在内，没有人认为这是完全错误的，也没有人质疑散播这一段视频的道德性，没有人关心当一个人受到屈辱的过程被展示给全世界的商科学生后可能会引发什么问题。创建此案例的哈佛教授或参与制作的人也没有受到过任何道德方面的阻碍。或许大家都默认，事件过后，太阳照常升起。

以上两篇《财富》文章所提到的绝不是特例，然而令人惋惜的是，它们却是目前唯一能在网上查阅到的公开材料。

一篇发表于 1995 年《今日心理学》专栏[7]的文章指出："这是《财富》杂志每隔几年就专门发布一次的'美国最强硬领导者'的专栏。"它总结了哈佛商学院领导力专家哈里·莱文森（Harry Levinson）教授对组织中存在的欺凌现象的看法。

40 年的咨询工作经验使他对组织欺凌的行为和原因有了一些了解。企业家们通过多次的言语霸凌和极度剥削的行为来达成过度控制、对细节的管理和蔑视他人等目的，他们往往不断地用刻薄尖酸的言论、重复乏味和不公平的指责来贬低他人。他们不仅仅不认可员工，甚至还会蔑视员工；他们会在别人面前羞辱员工，并质疑员工的能力和决心。

文章还引用了另一位顾问的话："至少在大型组织中，欺凌行为不像以前那么明目张胆了。"在 20 世纪 90 年代，约翰·韦恩（John Wayne）所扮演的领导形象变得不再流行……"恐吓变得更加婉转"。然而，文章继续补充，欺凌行为仍然"在小公司中蓬勃发展"。

我们如今所认可的领导理念实际上起源于 20 世纪中叶的日本，并且人们错误地以为，这些领导理念是经久不衰的。

质量管理运动和赋权领导力的诞生

给员工赋予相应权利的管理理念实际上已经酝酿了几十年，并将开启下一个时代的变革。AT&T 旗下的贝尔实验室在 20 世纪 20 年代发明了统计过程控制，这将成为推动新一轮变革的核心技术。

尽管美国军械库在 20 世纪 30 年代就已经开始采用该技术，但实际上一直到被饱经第二次世界大战蹂躏的日本关注到它之前，这一技术并未被大规模地使用过。

1950 年，爱德华兹·戴明（W. Edwards Deming）将统计过程控制引入日本。他否定了泰勒衡量个人工作量的管理理念，转而强调合作小组和工作合作。几年后，约瑟夫·朱兰（Joseph Juran）教导日本企业要想进行"质量管理"，必须从高层开始。这两位导师在美国国内知名度很低，但在日本却备受推崇，日本甚至以他们的名字命名了两项含金量最高的国家质量奖。与此同时，石川馨（Kaoru Ishikawa）、田口玄一（Genichi Taguchi）、新乡重夫（Shigeo Shingo）和大野耐一（Taiichi Ohno）等日本本土专家也极大程度地推动了这个时代的技术发展。

日本企业发现，高质量的技术工作尤其需要员工之间能进行有效合作，因此，他们创建了质量控制圈，质量控制圈后来被称作质量圈，再后来被直接简称为团队或者跨职能团队。这些被"授权"的员工能够基于数据分析做出关键决策。由于这一时期的员工们清楚地知道什么地方需要改进，因此，他们的经理更多充当团队领导者和教练的角色，为团队清除障碍，以实现高效运作。但是在日企以外的企业中，经理级别及以上的管理者们通常才是有权限做出改进决策的人。

加拿大小说家阿瑟·黑利（Arthur Hailey）曾写过几本关于美国不同行业内部运作的书，其中他所写的《汽车城》(Wheels)[8]讲述了汽车行业的管理故事，里面提到了两件可能会让读者印象深刻的事情：一是受泰勒理念驱动的一条工业流水线的生产质量十分不稳定，既能生产出优质的汽车，也能生产出"从头到脚"都很劣质的汽车；二是美国人可以到经销商那里定制他们想要的汽车款式和配置，但是需要等大约三个月才能提车。这些情况过去都是真实存在的，但如今大多已被湮没进了历史的洪流中。

到了1981年，借助质量管理运动的力量，日本汽车企业对美国汽车行业带来了巨大的冲击，并对上述美国汽车行业的场景发起了挑战。首先，虽然日本汽车款式并不惹眼，但几乎没有任何的质量问题。其次，虽然客户无法获得专属的定制化汽车，但他们可以从日本汽车厂提供的"选项包"中选择新车配置组合并立刻拿车。这导致美国的汽车行业不仅在产品质量方面受到了质疑，其引以为豪的定制化营销模式也受到了冲击。

此外，日本企业一骑绝尘的质量优势也在同时挑战其他行业。大卫·加尔文（David Garvin）发表了一份包含权威数据的影响力研究报告，其中的研究数据表明，在主流行业中，最差的日本制造商的产品故障率也要比最好的美国制造商的产品故障率低得多。[9]

而美国企业在尝试只采用最简单的质量管理工具但不进行组织变革后，终于在20世纪80年代中期才逐渐地领悟到这个重要的教训：如果只采用质量管理技术但不对组织进行相应的调整，企业是无法取得变革成功的。值得说明的是，这个观点与泰勒主义的相似点在于，二者都认为必须取消企业内森严的等级制度。

金·克拉克（Kim Clark）和他的博士生（现为教授）藤本隆宏（Takahiro Fujimoto）研究了来自美国、欧洲国家和日本的20家汽车企业的产品开发过程，这些企业在20世纪80年代后期的产量占全球产量的绝大部分。[10]由于汽车行业通常为其他行业树立了基准，研究特别揭示了这些地区的汽车企业是如何工作的，尤其是如何利用知识来改善工作，其中那些专门研究技术和生产的学者们，常使用"专业化""内部整合"（连接技术领域）和"外部整合"（解释市场需求的作用）等术语。

克拉克和藤本隆宏在研究中写道："一个高度专业化的专家可能只负责汽车的一个小部件的初始设计，例如左车尾灯。"（强调这一点，是因为右车尾灯的设计可能是另一名员工的工作范畴。）他们还观察到："许多表现不佳的欧美企业，都采用高度专业化的生产模式。而高度专业化可能导致协调方面的问题，使得高度专业化不能转化成卓越的产品性能。"美国企业的专业化指数比日本企业高127%，而欧洲国家企业的专业化指数居中，比日本企业高56%~65%。话虽如此，但综合考虑其他因素后，研究认为："无论是从量产规模还是专家的专业化程度来看，欧洲国家的产品都比美国或日本的产品更注重功能性。"

研究数据清楚地表明，日本企业自20世纪70年代中后期开始推进组织变革与跨职能整合，"近年来，美国和欧洲国家的汽车制造商对日本车企的组织模式展开了大量研究"。有几家汽车企业在20世纪80年代中期开始进行重大改革。但教授们一致认为，一些欧洲高度专业化的高端汽车制造商开展组织战略变革的时间可能要追溯到20世纪90年代早期。

就像1993年《财富》杂志的文章《无休止的重组时代，像罗伯斯庇尔一样横冲直撞的那些改革者》所暗示的那样，废除等级制度，转而采用以团队驱动、更扁平的组织结构可能会给企业带来毁灭性的影响。如果我问你，失业率和企业破产率在2008年前的哪个时期到达峰值，你可能会和我所问过的每一位高管一样，给出相同的答案，"1930年的经济大萧条时期"，但实际上，美国政府数据显示是"20世纪80年代中期"，因为在那段动荡的时期里，许多中层管理人员失去了工作。哈罗德·杰宁的理念实际上已经改变了许多人的生活。

社会和组织的改革并不是立刻以成熟的形式被广泛应用的。贾库马尔的研究发现，许多早期采用划时代变革技术的企业通常是在该技术出现后的15年内开始采用，更广泛的应用则需要50年左右的时间。因此，划时代的变革技术出现和退出的时间通常会交织在一起——就像在20世纪80年代末与20世纪90年代初，科学管理和质量管理两者所产生的交叠那样。

长期的划时代变革也解释了为什么团队型组织的出现会比我们所讨论的要更早。洛克希德·马丁公司（Lockheed Martin Space Systems Company）1943年就建立了著名的臭鼬工厂（Skunk Works）；在20世纪60年代初，一个扁平化而非等级化沟通的团队创造了IBM System 360系列；在20世纪70年代中期，沃尔沃（Volvo）就在其卡尔马工厂采用了协同制造。但这些通常是企业核心高科技项目中的特例，所以并没有文献记录描述它们是如何成功施行的。

实际上，我所就读的著名商学院已初步预料到了部分变革。我们在战略课、运营课及组织行为课上讨论关于畅销书《日本管理的艺术》（The Art of Japanese Management）[11]的内容，在课上，我们研究日本文化，并深入了解中心化社群，将其视为对美国个人主义文化的补充。我们可能是所有顶尖商学院中第一个站在伦理角度研究这个领域的班级，也因此，我们认为，这也许暗示着威权主义即将消亡。不过，我们身边的许多教授和同学仍不相信威权主义会消亡，他们认为美国是一个强调个人主义的社会,将难以加入建立团队型组织的浪潮之中。

但从20世纪90年代初开始,一些观点与专制对立的关于团队型组织和领导者的书籍开始吸引高管、商业学者和MBA学生,激发他们的思考。例如,分别于1993年和1994年出版的畅销书《团队的智慧》(The Wisdom of Teams)和《基业长青》(Built to Last)。

马蒂亚斯·韦斯(Matthias Weiss)教授和马丁·霍格尔(Martin Hoegl)教授开展了关于团队的学术研究,对1902年至2008年一个多世纪以来论及企业改革方向的学术文献进行了调查,他们的研究证明了美国开始关注和采用团队模式的时间线:1974年之前,每年关于团队的文章发布数量在20篇以下,在1980年增至大约45篇之后,这个数字开始呈指数级增长——1990年约为135篇,1997年为525篇,到2006年已经增长为1,190篇。同时,他们在很大程度上对团队合作所涉及的讨论进行了补充,他们在研究中写道:

> 在20世纪80年代初,团队合作的概念不仅卷土重来,还经历了一段成长期。管理上的创新极大地推动了团队合作的发展……特别是,团队合作在传统个人主义盛行和等级化特征明显的工作环境中得以实施,例如工厂……此外,早期团队合作案例的成功传播,让许多组织开始愿意采用这一管理技术,而这些组织的初步尝试,又促使更多像质量圈这样的团队元素加入组织。[12]

因此,到了20世纪80年代后期,赋予员工权利后诞生的新技术数量超过了赋予领导者威权时诞生的技术,这让美国和欧洲国家的组织不情愿地承认,如果不从根本上改变自己的领导理念,那么就无法充分发挥团队的作用。因此，在这一阶段所新形成的赋权领导力思想，正在演变为一个被企业普遍接受的概念。

企业中的领导者必须是教练、培养者，以及人际和部门间冲突的解决者，而不是这些冲突的源头。虽然领导者仍然是一个世界（某个企业）的"主宰"，但他也必须信任自己的"子民"并给予"子民"发表意见的权利，即使这样可能会导致领导者所做出的每个决定都会遭受很多明面上或背地里的批评。

1990年开始，全球范围内工商学位数量的爆炸式增长使得团队合作的工作理念得到传播，并成为全球现代组织的基石。在本书所提及的全球调研中，有99%的受访者都表示自己至少属于一个团队，还有32%的人参与的团队数量超过5个，这是一个意料之中的结果。

同时，全球调研还阐述了数字技术对团队合作的影响。在这些团队中，有94%的受访者表示团队成员并不都在同一地点办公，有89%的受访者表示有团队成员来自企业的其他业务部门，还有87%的受访者所在团队拥有来自其他国家的成员，以及有65%的受访者表示团队其他成员实际上受雇于另一家企业。由此可见，数字时代的领导力必须与这些新的现实需求兼容。

数字时代的来临

基于上述内容，我们可以发现，那些会对未来产生长期影响的技术是周期性出现的。当组织引入它们时，新技术会使原本的工作发生巨大的改变，反过来这要求人们对原有组织模式进行彻底的变革，进而改变人们的领导方式，而不能适应这种改变的企业和高管们则会被抛弃。

科学管理和质量管理运动为我们提供了长期的技术影响弧,包括工时和动作研究、甘特图、统计过程控制以及其他解决问题的技术。科学管理优化了人力资源体系,使非技术人员得以成为员工;质量管理运动要求分析分时间段的统计数据,从而提高了入门级工作的培训门槛。

科学管理强化了工作职能,剥夺了人们工作时的选择权;质量管理运动将员工的决定权还给需要被授权的员工,注意不是指单独的个体,而是指作为团队成员的个体。科学管理形成了某种意义上的孤岛,而质量管理运动则试图消除这些孤岛;科学管理形成并要求企业最高领导者拥有全面掌控、不容置喙的领导力,但质量管理运动需要的则恰恰相反,它需要的是给员工赋权的领导力。

我们目前正在逐渐采用另一套有着长期影响的新技术,即数字时代的技术。那么在数字时代里,工作模式、组织架构和领导力又将会如何变化呢?

领导力在极少数的情况下是一种单一行为,更多的时候,它由多个相关领域中大大小小的思维、表现和行动组成,是一种能时刻展现出来的特质。所以在面对划时代的变革时,就像之前的前辈一样,每一个人都需要重新思考领导力的价值。

本书章节概览

这本书结合了一项我对来自大型跨国组织的 700 名中级至高级管理人员所展开的领导力调研。他们当中有部分人员曾参加了我在 IMD 教授的课程(200 人),另一部分则来自 Qualtrics 调查小组(500 人)。这群受访者的公司总部区域分布与全球 2000 家大型企业的区域分布大致相当：27%来自美洲（包括中部美洲和南美洲），29%来自欧洲，6%来自中东和非洲，7%来自印度，10%来自中国，11%来自日本和韩国，8%来自东南亚、澳大利亚和新西兰，还有1%来自世界其他地区（比例计算结果经过修约，故出现相加不等于100%的情况——编者注）。因此，在本书中，我也将这项研究称为"全球调研"，并将其与本书所引用的其他调查区分开来。

本书还选取了我对美国、欧洲以及亚洲的一些企业的高管进行采访的内容。我告诉他们，我并不感兴趣他们是如何获得职位的，例如他们的职业发展可能开始于数字时代之前。我真正感兴趣的是，他们是根据哪些因素来判断某个中层管理者可能具备高潜力的，这些因素间接地解释了数字时代的实际情况。实际上，我所采访过的高管数量比我在此引用的要多得多，我也将在本书中把能识别到的有效信息尽可能地包括进来。我还采访了许多被认为有"高潜力"的中层管理人员。在这个过程中，我发现，只有极少数人表示明确了解高管所考虑的因素，但没有一个人能清晰地将这些因素都表述出来。此外，本书还引用了我与两个小组成员针对正式采访中所产生的问题而进行的很多次非正式讨论的内容。

最后，本书还参考了许多新闻媒体、企业网站提供的信息，以及关于创造力、合作、数字（和非数字）技术、创新、医学、谈判和心理学的大量学术文献，具体的引用已在后续注释中列出。

第一部分，"数字技术到底在做什么"讲述的是变化的领导力情境下的七种应对方式。

第2章，"重构工作和组织——六项原则"，讨论了为什么我们无法通过那些常见的描述来理解数字时代企业需要什么样的组织和领导力。同时，本章也介绍了可以将数字技术与所有先前技术区分开来的六项原则。类似于科学管理和质量管理运动时代，这六项原则描述了数字时代的工作和组织架构是如何变化的。

第 3 章，"VUCA 数字世界——第七原则"，讲述了如何解决一个先前的长影响弧技术未曾面临过的问题：数字技术所带来的影响已经超越了组织的边界，领导者必须了解这种相互影响的结果。这两章中所提出的七大原则将共同为后续的讲述领导力的章节奠定基础。

第 4 章，"数字技术对领导力的影响"，讲述了基于之前的七大原则，我们在数字时代重塑领导力的六种方法；同时基于全球调研的数据，证明了这些变化正在全球范围内发生。

第二部分，"引领创新"，深入探讨了做到这一点所需要的思想和行动。

第 5 章，"人才的多面性"指出，数字技术让企业可以将包括员工在内的合作伙伴的范围扩大到全球。同时，数字技术还使劳动方式从体力劳动（这是过去几个世纪男性一直主导劳动世界的原因之一）逐渐转化成脑力劳动，这些现实中所发生的变化使包容性领导力成为企业能够生存下去的必要条件之一。

第 6 章，"宽展翼，而非长尾"，强调当今的领导者必须驾驭之前专家们避免的"中间部分"。在 20 世纪，遵循当时的工作规则的高管们会对某个高度专业化的领域非常了解，但数字时代更需要兼具多领域知识、经验和技能的领导者。

第 7 章，"具有真正的合作精神"认为，虽然共赢早已成为一个流行词，但通常暗指对一方有利但不会严重伤害另一方的情况。在工作地点可能分布于世界各地的情况下，需要建立真正的人员和组织合作网络，否则领导者就将难以掌握必要的知识和专业的意见。

第8章，专注于"倡导创造力"。在数字时代之前，个人创造力和激发员工创造力的能力都不是领导者的必要条件。但如今的工作需要的更多是理性决策，同时也要求领导者能够对突发情况进行及时处理。因此，创造力正在走进聚光灯下。领导者需要拥有同理心，以及适度地允许员工个性化发展，并承认一个会使用数字技术的普通员工可能比一个不会使用数字技术的聪明员工更能创造价值。

第三部分，"创造性工作指南"，阐述了企业如何确保大胆的数字技术驱动计划所展现出的力量不会毁灭自己。

第9章，"划定不可逾越的界线"陈述了一个21世纪的现实：世界各地的企业正在经历一场永无止境的受技术驱动且自作自受的危机。在这场数字时代的危机中，企业价值观占据着重要地位。这个章节旨在讨论领导者应该发展和扩大企业价值观的范围，而不是认可价值观中特定的某一项。

第10章，"发展你的战略意图"指出，虽然数字技术正在迅速发展，但企业的首席执行官们仍应谨慎小心地决策。为了让领导者能够大胆而有效地采取行动，他们必须了解数字技术背后隐含的五个假设：宽容、无误、可控、全知、可靠。除此之外，他们还需要避免出现一些可能导致重大举措脱轨的错误。

第四部分，"去往何处"，旨在介绍企业管理人员应如何从本书中汲取教训。

第11章，"确立个人的领导哲学"介绍了企业从业人员或企业管理者应如何结合自身职业生涯实际发展情况，建立"个人领导哲学"。

LEADING IN THE DIGITAL WORLD

第一部分

数字技术到底在做什么

在这天地间有许多事情是人类哲学所不能解释的。

——威廉·莎士比亚,《哈姆雷特》第一幕第五场

第 2 章 | 重构工作和组织——六项原则

英式体制要求企业对所生产的产品进行精确测量,而美式体制则允许零配件的生产存在一定的粗放性与兼容性;科学管理倡导测量员工的具体工作量,而质量管理运动则侧重于测量每个工作环节的工作量。这些看似无关紧要的变化却会造成组织结构的变化,颠覆过往流行的领导力模式,甚至还会引发社会动荡。因此,基于这一逻辑,我们需要了解数字技术改变工作和组织结构的六项原则,以便更好地应对可能发生的变化。

斟酌用词的重要性

假设你正在玩一个关于"数字化"的填字游戏,在没有交叉词条提示的情况下,你需要猜出一个由 10 个字母组成的单词空,你会填一个什么单词呢?组件(components)?合伙(consortium)?交互(interfaces)?领导力(leadership)?卫星(satellites)?智能手机(smartphone)?

然而我相信你很可能会填写的单词是——**颠覆**（disruption）。

因为，无论你是谁，住在哪里，或者你做了什么，近20多年来，你都大概率被数字化颠覆的故事"轰炸"过。你选择填写的单词实际上展现出了一种难以避免的"反弹效应"。反弹效应作为一项开创性的心理学研究，指的是一旦有人告诉我们"不要想到白熊"后，我们很难不开始想象白熊的样子的一种大脑活动。[1]因此，文字被植入我们的大脑里，就会进一步影响我们对复杂问题的思考方式。[2]

因此，斟酌用词真的很重要。

众所周知的是，全新的技术往往起源于小众市场，而技术随后的快速发展很可能进一步摧毁整个行业。[3,4]比如，汽船最早是无法跨海的，因此远洋帆船的建造者并没有被汽船制造商视为威胁，等他们意识到的时候则为时已晚。

克莱顿·克里斯坦森（Clayton Christensen）后来发表的文章完善了这一观点：如果一项新技术的诞生能立即为行业的现有客户带来好处，无论它多么新颖，也会被马上采用。他视符合这一定义的技术为"持续性"技术。相比之下，"颠覆性"的技术最初能提供的价值往往不会引起现有客户的重视，这会导致行业的主流市场很容易忽略那些向小众市场提供低价产品的外来者。但当一个或多个产品特性通过这类"颠覆性"技术获得了改善，并开始对一个行业的主流市场客户产生价值时，行业再对此做出反应则为时已晚。例如，早期的晶体管收音机体积小、重量轻、便于携带，但音质较差。[5]但随着音质的提高，结合其他方面的优势和较低的价格，这一产品成功吸引了所有人的注意力。

在原文章发表20年后，克里斯坦森认为，颠覆这个词的含义已经被曲解和过度使用了。

该理论的核心概念经常被大众所误解，且其基本原则也经常被错误地使用，因为太多人在谈论时随意地使用"颠覆"一词，以描述一个行业受到的冲击和老牌企业被替代的情形。假设我们就此马虎地让这件事过去，那么该理论的价值将被削弱。[6]

因此，**在描述新技术时学会斟酌用词是十分重要的**。现如今，每一项数字化创新都被错误地描述为是具有"颠覆性"的。例如，克里斯坦森批评了它被应用于优步（Uber）的做法，因为优步既没有追求被现有出租车公司忽视的低成本机会，又没有向不被关注的人群提供对应的服务。另外，优步也没有通过改进任何功能来吸引传统的出租车用户。因此，优步的出现更应被视为一种"持续性"的行业创新。

在无数用"颠覆性"进行错误描述的例子中，还存在两种很常见的描述方式。

- 在2010—2017年，许多风险资本家累计向金融科技领域的初创企业投资了1700亿美元，这一累计投资金额已经超过了2017年全球除18个主流国家之外的其他国家的GDP总和。[7] 然而这些金融科技领域的初创公司并没有威胁到全球任何大型金融机构；全球top 25银行排名每一次变化的原因都可以被归于经济大萧条和中国的崛起。银行往往可以快速掌握金融科技，重塑甚至创造出新的金融科技工具。

- 虽然爱彼迎（Airbnb）通过瞄准下沉市场来扩大市场份额，但它却并未向入住酒店的用户提供任何提升性的服务。2009年以来，酒店入住率始终高企且保持稳定，日均房价和入住天数逐年上升。[8]因此，某些大型城市的政府已对爱彼迎及相关上市公司提起诉讼，对其征收类似酒店的税额以降低其成本优势。[9]客观地说，爱彼迎是蓝海战略的一个例子，而不是颠覆的例子。[10]

实际上，爱彼迎和优步只是没有受到监管的、利用他人拥有的实物资产促成交易的企业。它们与1848年以来活跃于芝加哥期货交易所的大宗商品交易商并没有本质上的不同。大宗商品交易商总是比农民更富有，但如果没有农民，他们一天都无法生存下去。

斟酌用词是如此重要。它们塑造了我们的思想，就如同我们的思想塑造了它们一样。

克里斯坦森有理由担心滥用正在降低"颠覆"这个词的战略价值。更重要的是，它正在扰乱数字时代的领导力，阻碍其识别出应该聚焦的地方。

如今，被曲解的"颠覆"已成为一个流行词，它阻止了领导者（像接纳过去那些有着长远影响的技术那样）去理解数字技术如何从实际上改变工作和组织。"颠覆"一词的滥用使得数字技术被错误地解读，使企业领导者忽视了那些前瞻性的投资，新的合作伙伴关系，以及进入新市场、建立可持续发展所需的创新能力。

同样重要的是，将每一项创新都称为"颠覆"，会使企业内部在推进每项创新时遭遇沙文主义般的生存危机，只有坚强的斗士才能将创新推行下去。我们将摧毁谁？谁会抨击我们？我们能让哪些客户保持100%的忠诚度？这些问题还可能使那些尚不具备颠覆意识的员工被企业排斥，从而滋生出一种具有破坏性的工作环境，导致企业变得像硅谷的很多企业一样，迟迟不愿正面应对仇视女性的"兄弟文化"（又称"硅谷厌女症"，近年来硅谷企业与女性员工之间发生了一系列冲突事件）。[11]

现在，你能理解为什么我们一再强调斟酌用词的重要性了吧。因此，是时候严格限制"数字化颠覆"在实际环境中的应用了。

数字化转型应用示例：医药行业[12]

数字技术，就像所有拥有长期影响力的技术一样，改变了管理员工所需要回答的那些基本问题：做什么（what）、为什么这样做（why）、应该由谁去做（who）、何时（when）、何地（where）、如何去做（how），以及应该做多少（how much）。无论组织的规模大小和成立时间的长短，它们都积极地将自己塑造成能够进行适当改变的组织，同时淘汰掉那些没有做出任何改变的公司，对此，我们可以通过制药企业的案例一探究竟。

在数字时代到来之前，单个制药公司一般基于科学家的学术成果或双方合作的基础进行药物开发，由科学家组成的大型研发团队专注特定的疾病领域。虽然研发团队知晓某种疾病，但不一定了解这些疾病形成的原因。

这种不确定性导致了多年来持续出现大量让人应接不暇的实验设计和动物实验。其中，有两个问题贯穿着整个药品的研发工作[13]：可能会发生什么？我们应该怎样做才能达到预期的药效？为了找到答案，制药科学家们一直致力于识别多种潜在靶点的类型和形状，他们还提取或制造可用于配制药物的活性因子来检测成药性。他们检测所运用的工具来自第三方检测公司，但是前期所进行的专项实验很多都需要人为操作。根据检测结果，候选药物方案失败率往往高达95%～97%。

当新的药物被研发出来以后，还需要进行大规模的人体实验。人体实验不仅要检查功效（"它能起到治疗效果吗？"），还要检查毒性（"它会造成某些预期外的损害吗？"）。即便如此，某些类型的毒性只有在药物实际使用到病人身上时才能被识别出来。因此，这种药物虽然可能对大多数患者有效，但并不一定对所有人都有效。要知道，研发一种药物，制药企业一般需要投入12～15年的研发时间，以及10亿～15亿美元的研发成本。

20世纪70年代出现的第一批制造基因药物的企业，专注于研究少数已知会导致特定疾病的基因，以应对人体无法分泌胰岛素等疾病。这些特定的、开创性的成就预示着数字时代即将拉开序幕。

自1990年开始，美国联邦政府开始资助人类基因组计划，这是一项雄心勃勃地绘制人类基因图谱的工作。[14] 得益于20世纪90年代数字技术的井喷式发展，精确的基因测序、切割和剪接工具的出现促使这一项目在不到10年的时间内就取得了关键成果，比最初预期的时间早了5年。2001年年初人类基因组草图制作完成，2003年完整的基因组大体上制作完成，2006年其余部分工作完成，这一串年份表明了由数据驱动的基因组医学时代已经到来。

如今，在好几个治疗领域的研发过程中，科学家们从一开始就能够了解致病的原因，因此他们可以专注于受靶向基因影响的特定患者亚群。[15] 疾病的传播路径能够在早期得以建立，从而减少后续实验所需要的时间。此外，候选药物方案失败率降低至60%～65%。人体临床实验时间得以缩短，药物毒性问题也能够提前预估，并在药物批准期间得到解决。这样一来，制药企业需要投入的研发时间将减少至不到10年，投资金额也会减少至5亿~8亿美元规模。

这种巨大的变化正在重塑医药行业：研发工作得以分布到位于世界各地的不同企业。[16] 现如今，科学家等学术研究人员扮演的角色重要性正在变低，相比之下，专注于遗传学的生物制药公司和合同研究组织（Contract Research Orgianization，CRO）正在发挥更大的作用。生物制药公司的研发团队因此变得小而精：生物制药科学家设计专项测试，并通过世界各地的医药研发CRO所提供的遗传特征测试样本来进行测试。同时，科学家们还与设备制造商联合研发所需的设备，并利用标准化配套元件实现基本的自动化实验。

尽管医药行业中不断涌现出许多初创企业，但自2003年至今，主流制药企业的名单基本上没有变化。这是因为，所有成熟企业所开展的绝大多数研发项目都是不同的，并且它们不再从事过去的一些低价值工作。而初创企业的新业务要么是承接制药公司曾经的小部分工作，要么是完成开展基因医学研究之前的一些没那么重要的步骤。换言之，初创企业与这些其暂时无法构成威胁的主流制药企业的合作，正是其日后成功的关键。

这些变化还催生了更多的数字化转变。比如强生（Johnson & Johnson）致力于建立共享数字知识库，以帮助其遍布全球的运营公司的科学家们更好地分享他们的研究成果。[17] 而勃林格·殷格翰公司（Boehringer Ingelheim）意识到整个医疗保健系统正在发生变化，他们发现不能再过度依赖畅销药，需要开发非处方药和可供最终用户使用的医疗保健产品。建立起更广泛的员工网络，促进陌生人之间的交流，强生甚至为此建立了一个虚拟的企业内部学校以推进内部创新变革。[18]诺华（Novartis）公司采用 iPad 之类的交互式工具替换了原本的纸质与电脑材料，从而改变了销售人员与医生的沟通方式。这些举措涉及对企业内部知识库的大面积重构，甚至还需要对企业目前的商业模式及绩效考核体系进行改变。[19]

这些例子都是单个企业内部的变化，而要像药物研发的过程那样发生巨大转变，则需要涉及企业间的合作。

2002 年，考虑到美国药品分销体系的僵化，葛兰素史克（GSK）邀请了药品分销的批发商——麦克森（McKesson）、卡地纳健康（Cardinal Health）、美源伯根（AmerisourceBergen）和巨头零售商（如 CVS 和沃尔玛）的高级管理人员参加研讨会（备注：我牵头组织了这一会议）。[20]在数字时代，医药行业不可避免地需要向患者派发药物并从患者那里收集数据。如果可以将射频识别技术（RFID）芯片安全地嵌入每个药丸，来追踪其从制造到消费的全过程，那么医学工作将面临什么样的改变？

有很多患者实际上没有遵循医嘱服用所有药物，再加上某些其他原因，导致一些严重的疾病开始具有耐药性，但 RFID 的介入可以改善这个问题（虽然 RFID 更主要的作用是帮助医药行业应对假冒产品、追踪和找回可能需要召回的药物以及完成其他类别的挑战）。

然而，想要实现这一改变，首先，行业必须先放弃存在已久的商业模式。制药公司过去常常提高价格，而价格提升是可以预估的。于是批发商和零售商以"旧"价格（低价格）进货并以"新"价格（预估价格）售出，来扩大它们的（非经营性）交易利润。虽然这种商业模式保护了低效率的批发商和零售商，使它们免受市场规律的影响，但这种模式触犯了萨班斯-奥克斯利法案（the Sarbanes–Oxley

Act）的底线，也阻碍了基础数据的流动。经过激烈的讨论，在这场研讨会的最后，高管们得出了需要 10 年以上的时间才能让医药行业掌握数字分销能力的结论。

几个月后，医药行业便开始清理陈旧的商业模式。比如通过合作的方式在产品包装上印刷产品的电子代码，但这离真正满足用户需求还差得很远，因为转变到新的商业模式仍然存在一些核心技术障碍，成本、价值和数据共享等业务相关的问题是其中的主要障碍。到了 2019 年，药品安全监管对药品可追溯性要求的最后期限已迫在眉睫，但医药行业的转型与变革仍道阻且长。[21,22]

2004 年，美国食品药物管理局（FDA）批准了第一个用于人体的 RFID 标签。[23] 2007 年，美国医学协会发布了植入 RFID 的道德准则。[24] 同年 10 月，FDA 批准了第一个带有嵌入式芯片的用于治疗精神分裂症的药物。[25] 在该药物被吞服后，药物中的 RFID 会向智能手机发出信号，并将数据发送给指定的医疗服务人员。在这种方式下，药企将不再只是单纯售卖被有限使用的某种药物，而是会与许多服用此类药物的患者进行实时交流互动，这需要药企在合作与经验性学习驱动的变革方面做出努力，而所面临的挑战将不比当初决定采用基于基因的药物发现小。但在 GSK 会议召开后 17 年，这种变革仍然不是医药行业的头等大事。

数字技术的实际作用

在科学和工程中，"第一性原理"承载的是已知是真理的公理、公式或想法，因此将构想建立在它们之上会比建立在权宜之计的事实或数据上更能推导出可靠的答案。本书正是将类似的逻辑应用于医药行业，同时从其他行业寻找支持证据和反证，并基于此确定了数字技术指导重塑工作和组织结构的六项原则。这些原则将与第3章中讨论的第七条原则一起，对数字技术与所有先前的技术进行区分。

这些原则本身的含义不言自明，它们之间的相关性将通过后面所提到的案例来进行展示。因为，与不可违背的物理或数学定律不同，它们的适用性受制于人类的具体行为，因此也会出现原则虽然成立但并不适用于某一场景的情况。但即便如此，我仍然建议大家通过参考借鉴某些原则来改变那些需要用到领导力的环境。

原则1：数字技术能降低或消除某些精英群体所拥有的技能或知识的价值，并促使甚至可能要求这部分工作实现自动化。

1980年的诺贝尔化学奖颁给了一种高效的手动设置基因测试的方法。随着时间的推移，作为遗传学先驱的这一核心技术逐步获得提升，直到数字技术将它完全自动化。数字技术还使化学分子模型和生物结构能够实现同步研究，进而取代了两者分开或逐一研究的方式，从而大幅降低成本。如今，许多数字化本地消费业务提供商正试图通过提供价格极其优惠的测试套件来测试人们的血统，或为消费者挑选葡萄酒提供定制化的建议。

以下是来自多个行业的案例。

- 近200年来，伦敦的马车及出租车司机们因能以最快或路途最短的方式把乘客带到目的地而闻名于世，这意味着司机们需要具备出色的记忆力和空间思维能力来通过严苛的知识型驾照考试。[26] 但从 2005 年开始，GPS 系统的出现降低了人们拥有的这些能力的价值。

- 2012 年，休利特基金会（Hewlett Foundation）设立了一个智能论文评估挑战项目。[27] 在人工智能的帮助下，这些评估系统得以不断升级，以至于它们的使用率也在不断地上升。[28] 因为它们可以大幅减少老师手动评价作业的时间，让老师可以更专注于创造性活动，例如进行论文写作指导。

- 2016 年，IBM 的人工智能引擎 Watson 能够比人类医生更准确、更快速地诊断出一些癌症。比如在东京大学的一家附属医院，它诊断出了一种罕见的白血病。[29] 在印度班加罗尔的一家研究医院，不同于外科医生推荐的双乳房切除术，它为患者推荐的治疗方法避免了患者双乳房被切除。[30]

原则 2：数字技术能提高技能较低的人的能力，使他们能够完成之前无法胜任的任务。

当一些人失去技能时，另一些人会获得某些技能以形成互补。许多制药公司过去将基因药物的研发分为"干科学"（设计遗传学实验和分析数字数据）和"湿科学"（实验室进行组织和动物的传统研究）。拥有博士学位的人从事前者，拥有硕士学位的人从事后者，但是先进的数字技术正在模糊这条界线，例如加重了后者的责任。

再举一些不同行业的案例。

- 2009年起，配备GPS的智能手机使得普通的伦敦人拥有了那些连持有知识型驾照的马车及出租车司机们也不曾具备的能力：能预警道路拥堵、事故和封闭，这意味着一个使用智能手机的司机比没有使用智能手机的司机的导航能力更好。

- 基于人工神经网络的机器翻译技术[31]已几乎能实现任意语言之间的实时翻译，这比几年前的技术先进太多了。[32]在最新的医疗保健手册版本中，英文版的急诊室出院说明也对应提供了西班牙语和中文两个译本，此举收获了许多的好评。[33,34]

- 设计工程师现在可以通过计算机辅助设计（CAD）工具来进行迭代，并生成多种可以实现预定设计目标的途径。[35]

需要特别说明的是，"技能较低"并不一定意味着"受教育程度较低"。如今的高管们能够使用个人电脑制作以前无法制作的文件，也不再需要擅长速记和打字的秘书，而PPT演示软件中配备的可下载图形和模板，几乎消除了方案绘制过程中对专业图形艺术家的需求。

此外，原则1和原则2被单独采用的频率越来越高。比如，可以勘测偏远地区输电线路或管道的无人机大幅提升了勘测员的工作效率，勘测员不再需要在现场花费数天甚至数周的时间，而是坐在办公室里通过电脑对无人机进行半自动化操作，接收无人机发送的诊断报告。这种技能的提升也减少了对测量员数量的需求。同样，无人驾驶的卡车也将在未来几年内代替许多人的工作岗位。[36] 虽然未来还会有新的工作岗位出现，但现在的司机群体可能无法从中受益。[37]

原则 3：数字技术能够促使甚至要求企业（尤其是跨国企业和在偏远地区设置了办公地点的企业）不受时间和地域限制进行分布式工作安排。

如今，一项药物研发的工作由多家遍布世界各地的企业共同完成。比如说，一家制药公司的科学家设计了一种癌症基因测试，一个附属于世界另一端的 CRO 的肿瘤学家网络提供了必要的基因多样性组织样本，而生物技术公司的科学家会对组织样本中的基因进行测序和分析，然后向制药公司的科学家提交执行测试的结果。三者间的合作不断共生循环。

处于其他行业的全球型公司也在积极建立内部网络，比如强生和勃林格·殷格翰。此外，咨询公司的项目团队往往由来自不同地区的员工组成。技术服务公司提供跨时区的"两班倒"服务，即将工作从一个快要下班的办事处交接给处于另一个工作时区的办事处，以确保为客户提供全天 24 小时不间断的可靠服务。

另外，老牌企业也不再以独立实体参与竞争，而是结为网络中相互依存的成员联盟共同迈进。这些网络的建立最初是为了将企业的生产或后台支持等工作进行外包以降低成本，但当 CAD 和数字化协同工具可以有效改善工作后，这些网络就开始创造知识产权了。

以下是一些发生显著变化的案例。

- 如今，波音787的硬件由5家欧洲企业、4家亚洲企业和4家北美企业共同设计。[38,39] 虽然飞机的制造过程还像过去一样，由波音公司制造30%的部分，由供应商们制造70%的部分。然而，飞机的底层设计方式发生了变化。那些合作了18个月以上的供应商需要选择它们之前没有使用过的先进复合型材料。然后，来自世界不同地区的供应商根据所指定的飞机部分进行设计和建模，再将这些部分运送至波音公司。参与设计的每个供应商都拥有股份，也负责提供飞机研发（R&D）所需的资金。顺便说一句，波音并不是这种方法的开创者，它的主要竞争对手，最初由4家欧洲飞机公司联盟形成的空中客车也是这样做的。

- 世界各地的汽车制造商也在开展类似的工作，整车中很大一部分的部件都不是由进行车身设计的团队负责的，其中超过一半的部件设计和制造工作是由汽车制造商完成的。

- 信息技术服务、客户服务、X射线/MRI报告读数、投资分析的外包以及无数我们在工作中或作为消费者所经历的其他外包活动，也都可以被看作蕴含这一原则的案例。但是假如没有计算机的应用，大多数活动根本不可能被外包。

- 大部分的航空公司与其网络合作伙伴（例如星空联盟）推行"代码共享"航次。虽然任何人都可以购买代码共享座位，但这种业务得以开展的前提是，航空公司愿意将自己的忠实客户移交给值得信赖的合作伙伴。

原则4：数字技术促使甚至要求越来越多的工作受脑力驱动，而不是靠体力驱动。

自制药公司采用高速筛选和自动测序工具后，测试设计和数据分析的能力变得愈加重要，而曾经被用来筛选和测序的手动测试设置则被淘汰。因此，现在的制药公司必须定期提升自己独特的分析能力，来吸引资本和顶尖科学家。

在其他方面，数字技术旨在促使人们更好、更快或更便宜地完成体力工作。比如：员工通过控制计算机程序来指挥机器切割金属或飞行器的副翼。随着计算机的普及和功能的升级，基于计算机所创造出来的想法、概念、算法都支持单独购买和获得相关的使用许可。

与此同时，人们工作的性质发生了变化：人们得以通过脑力劳动而不是体力劳动来开展一些有意义的工作，例如建立和测试对未来进行预测的模型、编写代码等工作。尽管人们仍然需要响应实时数据并通过计算机发出所需的指令，但实际的操作往往依赖计算机的影响或帮助。

以下是一些不同行业的案例。

- 3D打印技术已经被用于制作汽车和飞机上的复杂部件。[40,41] 现在人们的主要工作是开发代码，然后交由计算机执行。比如，建筑师在CAD软件上设计房屋，然后由可以铺设混凝土层的超大型3D打印机进行建造。[42] 虽然目前以这种方式建造出的房屋还很简单，也尚未实现大规模建造[43]，但整个技术在不断地改进升级；迪拜预计到2025年将有25%的新建筑物是由3D打印技术建造的。[44]此外，通过3D打印来替换人体中缺陷器官的相关研究也已经开始进行多个阶段的探索了。[45]

- 整个机器人领域也是实践这一原则的实例。机器人将人类的意图或命令转化为实际行动，比如工厂机器人正在接替人从事制造过程中的大部分(但并不是全部)工作。同时，在过去10年中，越来越多的机器人工具和程序被应用于泌尿科、妇科、胃肠病和心脏病的手术中。因为工厂机器人和手术机器人都基本上能做到比人的操作更精确，同时也减少了人的体力投入。

- 通过数字化转型，将人类意图变成数字化行动这一趋势也正在改变服务业。比如现在互联网上无处不在的"软件机器人"，无论是有益还是无益，它都将继续接替更多的人类服务。例如：2018年发布的人工智能语音助理Google Duplex已能完美模仿人类对话，小到一个"嗯"或者"让我看看"[46]，大到可以自动拨打电话进行相关事务的预约；"脑机接口"技术则能带动肌肉使脑海中产生的想法转化为具体的肢体动作，这个技术正被应用于一些高级医疗保健场景，未来，还可能会在其他领域实现更多用途。[47]

基于原则3和原则4，对相关知识产权的特许使用和许可权促进了国际贸易体量的迅速增长。1993年时，只有12个国家签署了3个国际特惠贸易协定；但到了2014年，这两个数字已变成

80个国家和45个国际特惠协定。[48] 同时自2010年以来，知识产权相关的服务出口额年平均增长率达7%，2017年甚至增长了10%，这一增长率已经超过了其他商业服务类目。[49]

原则5：数字技术创造了难以预测的需求和无法估量的巨大价值。

从历史上看，虽然人类需求的形式会发生变化，但它们的本质却是一致的。虽然CD取代了磁带，但人类对音乐的需求是一直不变的；电视的出现虽然加快了人们接收新闻的速度并使新闻内容可视化，但并没有改变人们对新闻质量的追求；汽车取代了马车，但人们依然要通过道路来实现出行诉求。因此，为了满足音乐、新闻、旅行这样的"持久性需求"，过去的创新技术侧重于提供可预测的辅助变化，比如提前铺好汽车需要的道路，建好加油站而不是马厩。相比之下，**数字技术则创造了新需求（"意外需求"），这些新需求无法预测，且可能带来无法估量的巨大价值**，如果企业未能抓住这些机会，则可能会付出高昂的代价甚至经受不利影响。

在过去，医药行业漫长而昂贵的药物研发过程一般只将白人男性作为服务对象，并认为这是合理的，甚至未经证实就假设药物会对所有人都有疗效（包括儿童及白人女性）。但在基因药物的研发上，这种策略是无效的。由于来自全世界各个地区的人体组织实验都表明了人类之间确实存在遗传多样性，因此，科学家必须了解特定人群与其他人群在什么方面存在不同。

回到20世纪，当时的制药科学家不需要拥有管理庞大数据库的专业能力。但时至今日，每个基因组实验都会产生1TB的数据，研究团队必须不断改进其处理这些数据的方法。因此定期开发出更有效地处理、分析和存储数据的新方法，是生物制药公司必备的一项关键能力，而如果不具备这项能力，生物制药公司将很难产出新的科研成果。

随着基因组药物变得普遍，企业是否具备比现今所面临的还要更多且不同维度的数据的处理能力将变得至关重要。用于跟踪和追踪药物所需的数据标准和技术架构，是无法自动地处理医生和使用 RFID 嵌入式药物的患者之间的交流情况的。

处理突发需求成为如今企业工作的核心。这要求企业能将新知识、新系统、新培训、新人和组织相互联系起来，并微妙地对组织内部的权力平衡进行调整：药物研发团队的大部分技术需求由企业内部的信息技术部门满足；拥有博士学位的数据科学家如今是药物研发团队的正式成员。

以下是案例。

- 由于未能预见应用程序的发展方向，过去的操作系统并不能支撑如今数字设备的所有功能。所以黑莓和诺基亚的失败，在很大程度上是因为它们低估了 Android 和 iOS 应用商店的作用。应用商店允许个人和企业开发各种各样的应用程序，而这些应用程序的数量规模和涉及的知识范围，是智能手机制造商的短板所在。可这两家公司都选择了固守原有的知识库和权力结构，没有额外建立满足新需求（意外需求）所需的新知识联盟。[50]

原则 6：数字技术使组织高度透明化，这可能会（也可能不会）使身处于组织中的个人或组织间关系网以至整个社会受益。

虽然美国医药行业目前的商业模式仍存在缺陷，但对比 10 年前那个极其不透明的商业模式来看，已有所改进。在过去，哪怕是效率再低的批发商、分销商和零售商也能通过市场赢利。尽管要实现新的基于电子产品代码的商业模式还有很长的路要走，但它已经开始帮助医药行业识别药物转移或受到污染的过程，保障药物保质期，并在需要时对药物进行随时召回。尽管那些处于尾部的批发商、分销商和零售商会因此被迫放弃旧的商业模式，但这却使得整个社会受益。

可以说，现实中很难找到"不"被此原则影响的行业例子，毕竟在线搜索早已融入我们的生活，既无处不在也必不可少，但高度透明化导致的大规模的监控[51,52]，欧洲的"被遗忘权"法律[53]引发了大众对隐私问题的关注，同时频繁的、大规模的消费者数据泄露和造成的不良后果也在社会上引起了广泛注意。总的来说，无论企业和政府收集数据的行为是否合法，人们一般都对此持反对意见，认为这些数据很难被妥善保管。

业内有一项研究可以说明在数字技术加持下信息完全透明的情况所可能造成的后果：自动分析技术可以通过一个人在 Facebook（脸书）上任意的 300 个或更少的"喜欢"（like）的内容进行分析并准确地推断出其"从性取向到智力的各种个人特性"[54]，所以我们万万不可对这一原则所蕴含的力量掉以轻心。

以上案例试图传递这样的观点：去技能化（原则1）、技能提升（原则2）、脑力劳动（原则4）、突发需求（原则5）和高度透明化（原则6）正在改变工作的性质；分布式工作（原则3）则正在改变组织形式，使内部和外部网络成为企业成功至关重要的因素。

其中，特别是脑力劳动（原则4）和突发需求（原则5），这两项原则使创造力在数字时代起到至关重要的作用，而其他原则则起辅助作用。所以，如果企业忽略这两项原则但十分关注原则1，那么它将继续在已过去的时代中逻辑自洽，直到被新的时代抛弃。

领导力是关于如何为企业做出选择和促使企业达到更高目标的能力。坚持走"老路"的高管或许可以将企业管理得很好，但他们将失去被称为领导者的权利。

第3章 | VUCA 数字世界——第七原则

第 2 章中的六项原则介绍了数字技术是如何像先前的长影响弧技术一样,改变人们的工作和组织结构的。除此之外,数字技术也带来了一些以前的长影响弧技术所未曾带来的情况——**原则 7:数字技术与组织的外部环境之间相互作用和影响**。这一原则也在重塑领导力环境。

一个 VUCA 世界

1989 年 11 月 9 日,柏林墙倒塌。它既象征着冷战时期的结束,也表示 20 世纪下半叶美国领导的北约组织和苏联领导的华约组织之间的巨大分歧告一段落。

虽然大部分人类经受住了生存的考验,但局部战争已导致了数千人死亡。幸运的是,在博弈论的共同毁灭原则的背景下,两大联盟还是避免了全球毁灭事件的发生。虽然部分地区仍会出现局势动荡的情况,例如卢旺达的种族灭绝和南斯拉夫的血腥解体,但整体而言，世界开始走向和平。

但现实从来都没有那么简单。

两极世界逐渐变成了多强世界：欧盟可以拒绝来自美国的利益；俄罗斯仍然拥有强大的核力量和丰富的能源资源；东欧国家虽意图争相加入欧盟，但在后续实践中这个进程却遭受着抵制；中国在经济和军事上迅速发展；日本虽然在经济上处于困境之中，但日本企业仍然主导着关键产业；韩国成了经济强国；沉睡的东南亚国家联盟（ASEAN）逐渐演化为"亚洲小龙"；拥有核武器的印度终于开始选择经济自由化；南非摒弃了种族隔离的政策，重新加入全球经济当中；阿根廷、巴西和智利虽然摆脱了右翼军人独裁，但却变成了混乱的"民主国家"。

除此之外，资源的争夺开始变得尖锐而复杂。一方面，人类自身造成的变化威胁着人类的共同未来，气候正在加速恶化；另一方面，人类不能再无视需求和欲望之间的平衡，比如制造数字设备需要稀土，而这些稀土的开采过程往往充满了剥削与人祸。再加上，独立运动扰乱了许多过去曾运行稳定的国家，甚至在欧盟内部都有发生；恐怖主义长期以来秉持"这是他们造成的后果，不是我们的问题"这样的想法，影响着全球的安定并引发无休无止的战争。当目标变得模糊，现实情况更是如此。国家之间的合作关系从长期稳定变得短暂。还有一些全球性的重要的事是一个国家无法单独完成的，但想要获得其他国家的支持却非常困难。

这些看似微不足道的问题一旦汇集起来，光是商议解决方案就可能令人捶胸顿足，更甚者，还会引发大家产生之前面临生存危机时的那种恐慌情绪。而美国陆军战争学院在1987年就预估到了这些地缘、社会和政治的变化，并创造出了一个由易变性（volatility）、不确定性（uncertainty）、复杂性（complexity）和模糊性（ambiguity）每个首字母组成的缩略词——VUCA 来与这些变化相契合。[1]

VUCA 环境下的商业世界

随着 VUCA 对经济的影响变得越来越明显，商界于 2003 年左右开始采用这个首字母缩略词。同时，在 VUCA 环境下诞生的新企业让商业与经济的界限开始变得模糊，这进一步促使全世界多个政府修改了长期跟踪经济数据的机制与系统。除此之外，数字技术为小企业创造了其从未想象过的市场机会，既有可能实现其全球化扩张的雄心，同时又带来了前所未有的挑战：新竞争者的竞争力已远超传统竞争者的既有权力基础。

随着时间的推移，VUCA 会像"颠覆"一样，成为另一个流行词。它被随意地应用了太多次，以至于失去了它本身的意义。比如，VUCA 被加入企业战略的路演中，企业却并不会为此改变它们的观念、行为或行动。

如果在浏览器中输入"VUCA 和领导力"，会跳转出很多网站链接，包括几个由商学院教授或退役将军主导或参与的网站。其中所展示的"解药"，大多都是与 VUCA 拥有相同首字母的商业概念。实际上这样的建议是十分肤浅的，甚至是似是而非的：一个辉煌的五年愿景，一个所谓的能化解动荡风险的解药，并不能帮助企业应对如今的动荡局势。反过来说，如果动荡没有得到成功解决，那么这种愿景很可能都立不住脚。

实际上，数字技术本身就可能成为或是加速形成 VUCA 局面的因素。为了更好地了解如何应对，我们要理解组成 VUCA 的术语，再结合能源行业的实践，来展示它们之间的巨大差距。

V，表示易变性（不稳定性），指的是迅速发展但无法预测的变化。当受到恐怖袭击后，恐惧和贪婪的情绪会在人群中散播，这会导致油价的剧烈波动。而易变性可能会加剧事态的负面影响，因为高管们通常无法具体预测什么事件会在何时、何地、如何以及为什么引发波动。所以万一出现了意外事件，他们必须立即做出反应。

U，表示不确定性，是指在已知范围内不可预见的变化。比如，全球能源使用量通常随经济增长水平的变化而变化。同时，能源的使用具有地方性，所以虽然变化的不确定性无法消除，但通常可以通过建模来预知变化。然而，商业领袖鲜少使用这些模型，因为大多数商业领袖（甚至接受过统计培训的也包括在内）缺乏对其影响的直观理解。[2] 所以他们所在的组织几乎没有考虑不确定性：因为针对像特定利润目标这样的将不确定性排除在外的考核指标更容易实现部署，即使它们可能是错误地暗示了未来与现在的相似程度。

C，表示复杂性，是指形成一个问题的许多相互作用的因素间可能存在复杂关系。复杂的系统更难对冲击进行管理，因为任何节点所产生的冲击影响都会通过意想不到的路径传播。例如，作为全世界最复杂的电网之一的美国东部电网，它曾在 2003 年导致 5,000 万人在黑暗中度过了两天，这让专家必须反思为什么它突然崩溃了，这对专家来说是非常痛苦的。甚至有心理研究表明，人类的生理条件可能限制了这个问题的解决：因为我们的大脑无法对过多的条件因素进行论证分析，特别是在所有因素同时施加影响的情况下，大脑更倾向于简化因果关系并得出次优结论。[3]

A，表示模糊性，是指可能没有一个唯一的好答案，或者可能同时存在多个答案但都缺乏强有力的支持。比如，有一部分知识渊博、理性的人相信核能可以帮助人类应对气候变化，但也有另一部分同样知识渊博、理性的人不同意这个观点，并指出铀和钚等可裂变材料很难被安全储存。两组都引用了大量支持数据，但仍无法说服对方，因为两组的观点都是由不同人群的根深蒂固的价值观所驱动的。

VUCA 数字世界：扩展案例

美国的金融服务业处于 2008—2009 年那场被称为经济大衰退的事件中心，虽然经济衰退影响了全球许多国家，但它也是数字技术与 VUCA 世界相互作用的一例完美证明。与政治或经济学的传统分析不同，这一论点借鉴了计算机科学[4,5]、风险管理[6]、运筹学[7]和金融学[8,9]的研究。后面的两个故事能够很清楚地传达相关经验教训，也从根本上解释了在互联网中，冲击是如何从 A 点传到 B 点的。

我于 1983 年获得 MBA 学位后，就进入了一家总部位于华尔街附近的全球性银行工作。由于没有工作经验，当时的我还没有资格获得奖金或股票期权，并且我拿到的薪水可能也是整个毕业班中最低的。然而，我仍然相信我的能力在他人之上。

幸运的是，我的上司容忍了我的傲慢。我在进入为期一年的银行管理培训中的三个月后，接触到了许多同行从来没有接触过的任务种类，比如在一位高级管理人员（他拥有奖金和股票期权，并有望晋升）的监督下，我为公司董事会制订了意见报告书。这份立场文件作为讨论风险承受能力和贷款标准新政策的起点，也如往常一般，在没有重大变化的情况下就获得了批准。

在那时，我任职的银行刚进入一个新兴市场，正向商品经纪人提供高风险、高回报的贷款。实际上，老板们对该市场知之甚少，而我更是一无所知，但银行对可能存在的明显风险嗤之以鼻，它更在乎能否给这个新兴行业发放高利率的贷款。甚至因此，我的上司对我的监管也比平时松了许多。贷款人的意见过度影响了我的分析，后来我所在的银行很快地就批准了大额的可疑贷款。这样一来，对许多人来说，很多钱都处于危险之中。

那这些贷款后来是否出问题了呢？我可以保证，是的。那么银行在这上面亏钱了吗？基本上答案也是肯定的。其他机构是否也承担了类似的风险？实际上监管机构和市场一致认为，即使我们的领导者可能轻率行事，我们银行也是"坚不可摧"的，因此我丝毫不怀疑，当时的我们是如此幸运地拥有着一群"很好的合作伙伴"。

不过，我的错误并没有让我所在的银行倒闭，因为在当时，这家银行所暴露出来的问题并没有波及整个行业。总的来说，我这一代"无所不知"的年轻金融家并没有摧毁世界经济。

为什么没有呢？因为当时我们只是通过便携计算器和原始 Lotus 电子表格单独进行评估投资，并不具备将贷款一键打包出售的能力，再加上那时银行的财务还没有与其他机构的财务实现线上互联——当然，如果我们的错误决定会威胁到其他人，监管机构也会将我们拒之门外——因此那时候的世界还不算是 VUCA 世界，只能算基于早期的数字技术来运行。

时间快进到 2008 年的经济危机，让我们来思考一下："美国的次贷危机为何导致冰岛三大银行同时破产？"因为那时金融服务业是所有行业中数字化程度最高的，但那时它无法识别出所有的VUCA状况，这也导致了金融机构的高管和监管机构的困惑。

脑力劳动使得原本受众面很小的数字产品及服务变得大众化，但这些产品和服务的风险却依然鲜为人知。机构之间的数字化投资交易使得局部问题以闪电般的速度向外传播。（随着危机的扩散，过度杠杆化的冰岛银行在许多欧洲国家都产生了巨大的风险敞口，同时还失去了进入信贷市场的机会。[10]）自动化决策系统更是造成了巨大的不可预测性：即便是稳健运营的企业的股价也出现了暴跌，而如雷曼兄弟和贝尔斯登等机构所触发的自动化交易将进一步传递恐慌情绪。或许不完整的知识体系在数字时代到来前已足够支持交易的开展，但数字时代的游戏规则已经发生了变化。在这场游戏中，许多金融机构对交易失败的双方都进行了投资，在不知不觉中创造了双输的条件。其中就包括美国国际集团这样的机构，它曾为这些贷款提供保险。

复杂性阻碍了美国联邦储备银行（美联储）和美国财政部最初试图通过依次拯救薄弱机构来遏制危机的行为，后来它们不得不采取至今还备受批评的行业级救助来阻隔危机：通过对多个摇摇欲坠的机构进行大力支援，使其免于经历系统性崩盘的风险。然而，这样做也产生了一个充满争论的道德风险问题：当前的救助是否会增加对未来的救助风险？

毫无疑问，贪婪和欺骗处处都在，否则那些有缺陷的、深奥的、只卖给心思不够缜密的客户的产品就不会被创造出来。当然，贪婪和欺骗也存在于1983年，只是我当时的雇主所产生的那些风险并未严重到摧毁世界经济。而我们也绝不能只是一味地谴责贪婪和欺骗，这样做无疑是在把问题简单化。

未来事物的形态

虽然随后的监管改革加强了监管本身作为"缓冲器"的作用，但基本风险并没有减少。计算机速度变得更快了（易变性依然存在），衡量风险承受能力的指标仍然是静态的（不确定性依然存在），互联网的使用规模更广泛（复杂性依然存在），令人厌倦的道德风险问题（模糊性依然存在）也并不会消失。

其他行业现今也在广泛应用类似的数字技术，而它们可以制造的危机则足以使得2008年的金融危机看起来像儿戏。蓬勃发展的物联网正在把越来越多的产品和服务连接起来，也将系统与系统、企业与企业连接起来，这将对我们就故障点进行诊断与修补的能力提出更高要求。即使是看似微不足道的失误都会带来潜在的损害，这些损害不仅会影响到某个企业，甚至还可能影响到整个世界。

这种说法并不夸张，要知道，曾经美国一个州的大雪和电网系统中关键软件的一个程序错误就引发了美国东部电网的崩溃。当时大雪压断了第一根高压线，然后位于该州的数百根高压线中的三根与树木接触导致放电，但电网软件却没有识别到任何问题。[11]

尽管存在巨大的潜在成本，数字技术的使用率仍会持续增长，因为它们能切实提供许多便利。对于大多数地方的大部分人来说，没有数字技术的日子只会更糟糕。数字技术推动了波音787和很多能治病救人的药物的研发，数字技术助力企业把世界各地的人才集合到一起组成项目团队，数字技术使得那些被传统银行所忽视的穷人能使用手机银行服务。而有朝一日，数字技术还可能会帮助人类有效应对饥饿、癌症甚至气候变化等课题。事实上，从古至今没有任何人能够阻止任何一项重大技术的发展与前进，在数字技术这一观点上亦如是。

接下来，让我们把目光聚焦于这七项原则是如何改变21世纪的领导力环境的。

第 4 章 ｜ 数字技术对领导力的影响

无论是对个人还是对集体而言，七项原则都在试图说明数字技术正在深层次地改变领导力的环境。但基于全球的调查数据表明，来自世界各地的受访者普遍认为，他们的领导者并没有对这些变化做出适当的反应，因此本章将系统讲述数字时代中领导力的新含义。

七项原则

原则 1：数字技术能降低或消除某些精英群体所拥有的技能或知识的价值，并促使甚至可能要求这部分工作实现自动化。

原则 2：数字技术能提高技能较低的人的能力，使他们能够完成之前无法胜任的任务。

原则 3：数字技术能促使甚至要求企业（尤其是跨国企业和在偏远地区设置了办公地点的企业）不受时间和地域限制进行分布式工作安排。

原则 4：数字技术促使甚至要求越来越多的工作受脑力驱动，而不是靠体力驱动。

原则 5：数字技术创造了难以预测的需求和无法估量的巨大价值。

原则 6：数字技术使组织高度透明化，这可能会（也可能不会）使身处于组织中的个人或组织间关系网以至整个社会受益。

原则 7：数字技术与组织的外部环境之间相互作用和影响。

关于文化和性别平等的要求正在上升

长久以来，商学院所提供的领导力教育课程、咨询顾问所设计的领导力解决方案以及大多数企业所实施的领导力政策，基本上都蕴含三个关键且相互关联的假设，前两个是这样的。

其一，**大多数一起工作的人都受到同一企业的共同组织文化、政策、流程和结构的管控**。

由于每家企业都是相对独立的，企业高管们往往会为自己的领导力计划设置一个易于理解的内部共享框架。只要其他干系人（例如供应商）遵守法律合同，企业的员工到底是如何被领导的并没有那么重要。

其二，**大多数员工都共享文化、语言、宗教、种族和政治遗产**。

企业所在国或者与所在国类似（在文化、语言等方面）的国家往往会给企业（包括大型跨国企业）提供大部分的员工和客户。因此，企业中的大多数员工可以被分为固定的几种类型，而领导者们往往更愿意带领那些像他们一样，有相同的外表、表达习惯、宗教信仰、饮食习惯等的员工。位于其他地方的事业部或分公司也会基于同样的思路依赖当地员工，他们的领导者还会将当地文化的核心要素融入整体企业文化中。

纵观整个20世纪，这两个假设都可以在世界最大经济体中得到验证。也因此，它们一并影响了长期主导商业教育的美国学者们。随着美国学者帮助欧洲和亚洲建立商学院并向全世界出口教材，它们被传播到其他地方。再加上美国还授出了比任何国家都多的商业博士学位，并且出版了大多数的顶级商业期刊，因此，即使很多观点根本没有与本土化的商业场景互相印证过，美国观点也已逐渐演变成了全球普遍认可的所谓"普适观点"。

然而，数字技术正在推翻这些假设的现实性。数字技术通过分布式工作（原则3）让地球另一边的人们肩负起成功的关键。即使人们可能来自完全不同的民族文化，也能在不同的组织和政策下进行合作。然而，高度透明化（原则6）可能会通过揭露公司合作伙伴的问题状况而立即在全球范围内玷污一个品牌的名声。

在参与全球调研的高管中，有80%的高管表示他们的工作涉及跨时空分配，其中表示"非常同意"或"同意"的各占40%左右（见图4-1）。与此同时，他们对所在企业的高管在此种工作背景下的领导力表现认可程度相对较低。在对高管是否展示了跨企业间领导力的认同度评价中，"非常同意"的回答大约下降了一半（22%），而"有点同意"的回答相应上升；但在对高管面临跨国工作时是否具备足够领导力的认同度评价中，只有27%的受访者表示"非常同意"，有32%的受访者表示"同意"。这两个问题中认同度比例的下降（约20%）已经指出了可能存在的问题。

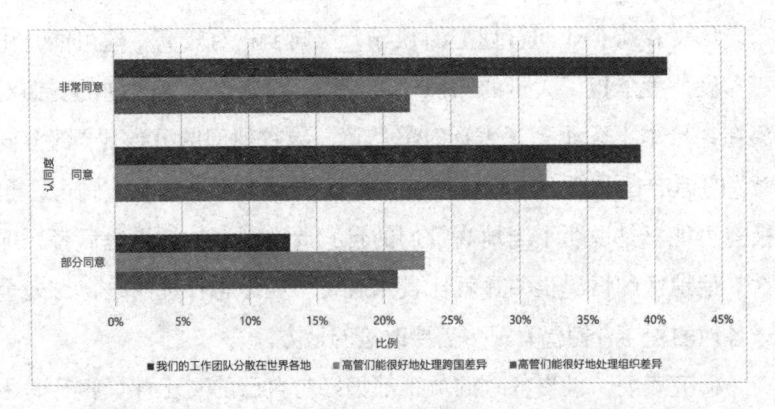

图 4-1 当工作分布于全球时，高管领导力面临着国家和企业间
差异所带来的挑战

在数字时代已经到来近 20 年后，全球调研中各地区高管在面临跨国和跨企业间的管理挑战时，所展现出来的领导力的平均水平依然令人沮丧（见图 4-2）。问卷中每个地区的受访者都超过 50 名，但没有一个地区的答题得分能靠近"非常同意"区间。

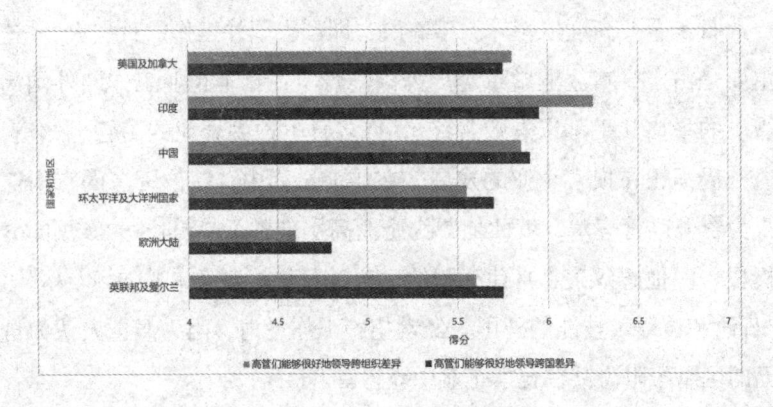

4= 不同意；5= 部分同意；6= 同意；7= 非常同意
图 4-2 全球范围内，各地区的高管都较难基于跨国和跨企业间的
差异进行有效领导（每个区域的受访者都 >50 人）

053

印度在跨企业间管理上的领导力认同度相对较高,这可能是由于印度一度承担了大量的知识外包工作。而来自欧洲大陆的受访对象在评价本土企业高管表现时最严苛,导致他们的分数比"部分同意"的标准还要低。这既可能是该地区领导力水平的真实情况,也极有可能只是说明了当地高管们的自我要求很高。如果是后者,那么其他地区的情况很明显就比较乐观了。但毋庸置疑的是,身处全球各地的领导者们仍有很多需要改进的地方。

研究表明,世界各地的员工都偏好与自己的文化背景相符的领导风格。[1]即便今日,许多企业的首席执行官们大多是土生土长的,或是归化的本国人,以及邻近国家的公民。[2]在亚太地区工作的西方高管认为,与来自其他地区的高管相比,本土高管往往更难以胜任工作,这导致很多亚太地区本土的高管更倾向于接听猎头公司的电话寻找其他工作机会。[3]当然,与亚洲企业相比,这些西方高管对总部的不信任感更高。不过,这并不是西方高管的专属问题。

日本企业高度依赖外派型高层,即派去国外工作的日本人。[4]这主要是由于日本企业尝试聘用外国高管(在日本企业工作的外国高管)的举措几乎都以失败告终。[5]许多日本顶尖企业的高管也知道,这种局面正在损害企业的发展。在访谈过程中,一位资深的东南亚人力资源高管表示,就此他曾为企业高层准备了一份长达80页的分析报告。他感叹道:拥有流利的三语(日语、英语和中文)或双语(日语和英语)技能的外国人经常拒绝工作邀请,因为候选人认为自己的国籍会阻碍其在日本企业中获得晋升。

关于领导力的第三个隐含假设是:**公司的领导力标准体现了其核心高管层的世界观。**大多数在某企业担任领导职务的高管都来自本国或邻近国。而那些来自文化特征不明显的国家的高管们则只得选择适应和顺从，否则他们将丧失领导权。而占主导地位的领导们绝大多数都是男性。

与前两个不同，这一假设不仅仅源自美国，偏见和男性主导在世界各地都存在。而在大多数情况下，女性都不得不忍受包括无意识的轻视，甚至直接的虐待行为。

值得庆幸的是，欧美国家已开始收集和讨论这类问题，并意识到它们还需要花上很多时间和精力来改变这一现状。要知道，在标准普尔500强企业名单中，"女性企业家的数量甚至比叫约翰的男性企业家的数量还要少"[6]。2018年的数据显示，只有4.9%的欧美企业首席执行官是女性。[7]这也导致了如今市场上的许多招聘要求，依然维持并延续了以男性特质来定义"优秀领导者"的错误观念。

当然，数字技术也在迫使以及推动人们对这一假设进行重新思考，因为越来越多有价值的工作经由思想驱动并通过脑力劳动完成，而不是通过体力劳动来完成（原则4）。纵观全球历史，男性在很多分工中占据主导地位的原因，是他们相对而言拥有更强壮的身体，现如今，这一生理上的优势正变得越来越无关紧要。而高度透明化（原则6）将继续揭露全球范围内的性别歧视行为，并使得企业在人才招揽上处于劣势。对于现在的年轻人、妇女、少数族裔和外国人来说，他们完全可以质疑那些不合时宜的想法，并拒绝贡献自己的智慧。

我们将在第5章继续讨论这些问题，通过案例来说明企业是如何克服挑战并重新定义领导力的，并基于此提供个人领导力的改善建议。

更需要复合型人才

过去,那些具备长期影响的技术允许组织对其所处环境做出反应,因为商业中有一个由来已久的观念:一个组织所处的环境将决定组织的运作方式。因此,在设计组织结构时,具有长生命周期产品的企业在面对稳定的市场时,是可以选择一些在快速变化的市场中可能致命的战略、结构和机制的。这样的逻辑也适用于领导力领域[8]:民主的领导风格可能无法在员工亟须指引时起到有效作用。不过,在这两种情况下因果关系的指向都是一样的,即企业的内部组织必须响应企业的外部环境。

数字技术在这方面能起到的作用是无可比拟的。它们使组织能够对其内部环境做出反应:去技能化(原则1)和技能提升(原则2)的工作、跨空间分布式工作(原则3)、服务于不可预测和/或高价值的突发需求(原则5)。它们还允许组织通过持续与外部环境进行交互(原则7)以及获取或发布难以控制的信息(原则6)来影响外部环境。由于这些交互的结果只需几毫秒就能被传送至世界各地,从而立刻对其他任何地方的外部环境造成巨大影响。

因此,在数字时代进行组织设计,更重要的是,在领导力这一课题上,必须正确认识到这种超快双向传播所蕴含的影响力。因为它正大幅增加领导者所做出的大多数决策的风险。我们曾一度认为,"贪婪"是2009年财政危机爆发的唯一原因,这使我们并未从这一数字时代的第一次也是真正意义上的全球性领导力失败案例中汲取真正的教训。

通过全球调研,我们得以记录世界所发生的变化:589名高管受访者参与回答了涉及全部企业和他们所在企业的五个问题，将企业的当前状况与10年前的状况进行比较，无论是工作地点、企业规模还是企业业务范围（全国性、区域性、全球性），调研结果均显示，整个商业环境已变得更加VUCA（见图4-3）。超过50%的高管通过"非常同意"或"同意"表示，越来越难避开与那些不稳定的国家进行合作。因此，他们需要更关注政治事件，更快速地决策，不仅要考虑的事情更多，整体商业环境也变得更难预测。另外，有78%的受访者认为在其所在的企业中，最大的变化是需要考虑的事情的数量增多。

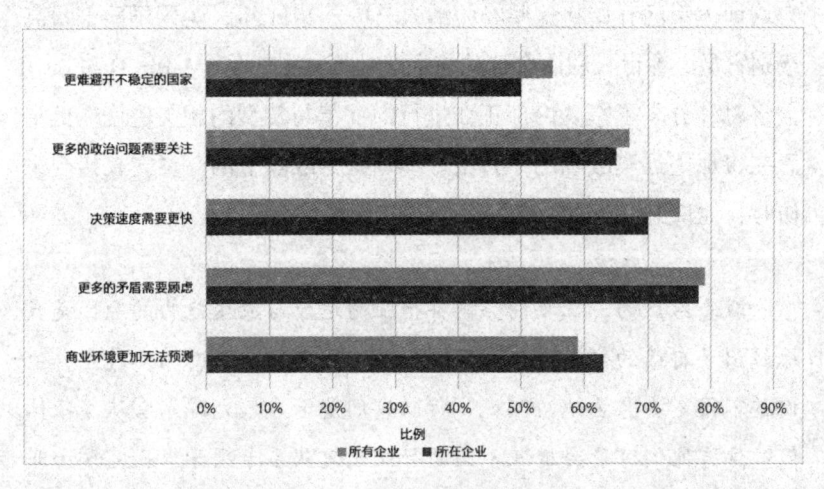

图4-3 与10年前相比较，企业环境变得更加VUCA

而在远离办公室的战场上，美国陆军吸取了大多数企业都尚未意识到的关键教训：VUCA环境正在挑战传统的领导能力。在2010年《哈佛商业评论》的一篇文章中，戴维·温伯格（David Weinberger）分享了他与两名在职军官的对话。

这些军官迫切希望消除人们对军事领导者所持有的常见刻板印象，比如站在一面巨大的美国国旗前的小乔治·史密斯·巴顿（George S. Patton）将军。巴顿将军是美国历史上通过集中大量资源来获取胜利的时期的一位典型领导者。然而，这已不适用于伊拉克和阿富汗战争……如今仅仅能够胜任你的上级派发的工作是远远不够的，你还必须能够胜任更多不同类型（1.8万种）的工作。想象一下，你非常擅长管理供水系统、组织召开全体会议、知道如何发放小额补助金并具备极高的政治悟性——而此时的你还只是一名25岁的中士。[9]

随着其他地方军官也在积累同样的经验，美国武装部队的领导力培训体系已开始将这些经验纳入其中。2011年，美国国防部最高级别官员、参谋长联席会议的前主席马丁·邓普西（Martin Dempsey）上将对外分享了军队内部正在进行的变革与转型的相关进度。此举意在将那些远离战场的军官更好地训练为战场上的一员。在接受采访时，他说道：

我个人认为，让我能够具备很强的适应与应变能力的原因是我被拉出了自己的舒适区……只要把人们放到一个全新的环境中，他们就不得不去努力适应环境。所以我们是否应该允许军官从军队休假？这样他们可能会进入不同的行业或者从事专项学术研究……我们正在进行大量的研究，并试图定义什么能够有助于拓展军官的经验，这正是我想表达的，发展领导力的一种手段……如果我们拥有一份拓展经验的清单，并为我们的军官们提供尝试这些事情的机会，我们的整体水平将会更上一层楼。[10]

第 4 章 数字技术对领导力的影响

在 2015 年出版的著作的开篇章节中，美国四星上将斯坦利·麦克里斯特尔（Stanley McChrystal）讲述了他在联合特种作战特遣部队（Joint Special Operations Task Force）的日子。

特遣队没有选择主动改变，而是一味地被需求所驱使。尽管我们拥有丰富的资源和训练有素的军队，但我们却输了，而根据传统的预测，我们本应占据主导优势……实际上，我们需要比敌人更努力地适应完全不同于我们的计划和所经受过的训练的环境。但事件变化的速度和相互关联性正在形成新的动态威胁，这很可能会击垮我们过往所建立的历史悠久的流程和文化。

……后来，我们意识到，并不存在所谓的完美的解决方案。对于一名在西点军校接受过工程师思维训练的士兵来说，同一个问题在不同的时间里可能需要不同的解决方案这一想法，从本质上就会令其感到不安。[11]

如果在网上稍微搜索一下，你就会发现，其他的一流军队也意识到了在 VUCA 情况下个体需要具备懂得很多事情的能力，能够解决各式各样的问题，并且每次都要采用新的方式。因此在更多情况下，具有更广泛能力的军官比那些只精通几件事的军官更适合处理 VUCA 情况下的工作。

第 6 章将详细描述这些经验被如何应用于商业环境。

多极世界需要更多的合作

数字技术使得世界各地的人能够一起完成多项重要任务（原则

3)，所以能够做出相应决定的权力很少被集中到某一个个体或单个组织身上。当参与决策的人们都贡献了智慧时（原则4和原则5），他们将能比以往更有力地表达反对意见。特别是结合关于多样性和VUCA环境的讨论来看，这意味着数字时代将更加强调合作的重要性。

尽管各方都承诺要在各种可能的情况下达成共赢，但全球调研的结果却显示，业务领导者之间的合作效果并不尽如人意。在此次调查中，高管们回答了两个与之匹配的问题。一个问题是分布式工作是否要求领导者能更好地合作；另一个问题是关于所在企业的领导者是否能有效地与分布各地的员工合作。调查覆盖的每个地区都至少有50名受访者参与，调查结果（见图4-4）显示了世界各地之间存在的（有时候甚至是巨大的）差异。

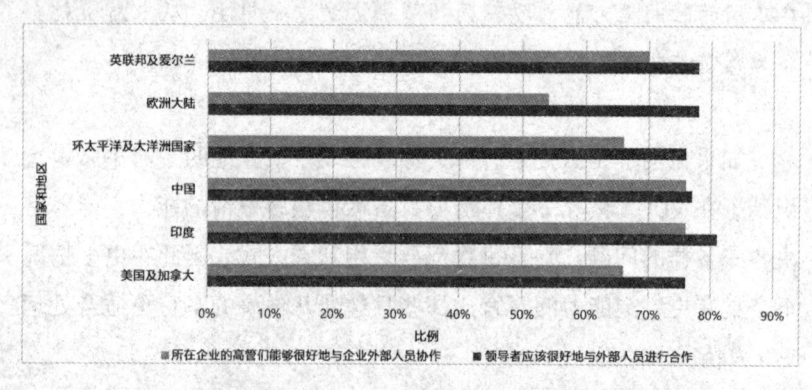

图4-4 合作差距：全球范围内的高管都未达预期

如之前一样，位于欧洲大陆的受访者们要么拥有更加清楚的自我定位，要么更具备自我批判意识。即使在几乎不存在差异（例如中国）或差异很小（例如印度）的地区，同意的强度也在下降。在中国高管的反馈中"非常认同"的比例下降了11%，而"认同"的幅度则对应地上升；印度高管的"非常认同"占比下降了7%，对应的"认同"上升了2%，"部分认同"上升了4%。

在数字时代，"合作"将为企业带来独特的挑战。让·弗朗索瓦·巴里尔（Jean François Baril）是诺基亚全盛时期的首席采购官。他一直致力于完善和管理诺基亚的基于合作伙伴的采购网络，这个采购网络将多家全球性企业所创造和拥有的知识产权汇聚到一起，并整合进诺基亚手机中。我与他进行了多次正式访谈，也就领导力展开了数次非正式的讨论与交流。有一次，他在访谈开始时告诉我，他必须将原本2小时的访谈时间缩短至15分钟，因为他得立即参加一个紧急的董事会会议。

我得向领导们汇报我们的合作伙伴所遇到的问题。电池生产是一项很微妙的工作，火灾时有发生。为我们供货的主要工厂刚发生了火灾。我与对方的高层沟通之后，双方共同做出了决定，在双方员工一同弄清楚根由之前，我们这边先不要介入。因为如果我们参与进来的话，市场就会把注意力转移到我们身上，而不是关注他们真正需要做些什么。

我对他没有取消并改期我们的会晤感到惊讶。毕竟，火灾对电池供应商能否按时交货造成了威胁。同时，我又十分好奇双方的高层管理人员怎么能不亲自介入并处理危机，但他随后的解释打消了我的顾虑。

现在我不需要做任何事。双方的员工一定会找出解决办法的。我只需要告诉董事会，在我们找到解决方案时会第一时间告知他们便可。首先，慎重挑选你的合作伙伴；随后，当出现问题时信任他们。这就是合作的真正意义。

总而言之，两个团队之间的合作可能由于以下几个原因而失败。

第一，与在同一地点办公不同，远距离办公使得员工彼此之间并不了解对方。虽然数字技术解决了大部分时候的互动障碍，但远程合作情况下人们更难建立信任和合作关系。[12]

第二，由于文化和种族差异，人们进行沟通和决策的方式会存在很大区别。比如北欧人会很直接，而日本人往往很谨慎。这些差异有时会阻碍人们建立信任和合作关系。[13]

第三，有些时候，合作双方必须让具备重要技能和知识的人参与进来，但这些人并没有在要求较低或是常规的商务环境下工作过，这使得团队成员很难建立"风险型信任"。[14]那些经常需要具备"风险型信任"关系的团队通常是面对面工作的，比如医院的手术室等具有制度化保护机制的场所。远距离工作场景使得"风险型信任"的建立充满了挑战。

第四，如果合作失败，公司层面面临的巨额损失和诉讼风险，以及团队层面的压力加剧都可能引发人际冲突。这使得谈论与工作相关的冲突都变得更加困难，更不用说解决冲突了。[15]

第五，在几乎没有好的选择的情况下，人们还需要极大的创造力来解决问题。这当然是很难的。

不得不说，由诺基亚及其合作伙伴组成的共同团队在合作上表现得异常出色，在外界并未注意到的时候，这场危及全球数百万部手机销售的事件早已被悄然解决。

第 7 章将继续讨论企业如何通过合作，超越老生常谈的"共赢"问题。

创造力和综合能力将比生产力和分析能力更重要

在 20 世纪时，企业很容易将创造性工作（主要是与研发及市场营销相关的活动）从常规性工作（除创造之外的所有事情）中剥离出来。而如今，数字技术正在提高脑力劳动的重要性（原则 4）。现在所有行业的"好工作"，都正以想法、概念和符号的形式通过电脑屏幕来呈现；新的想法、事件、项目、客户和市场经常被临时性地创造出来（原则 5）。值得注意的是，所有的一切都基于发生在分布式工作背景下这一大前提（原则 3）。

但如今，创造性和常规性工作之间越来越难以被区分。基于对如何利用知识打造竞争力的研究，我得出了这样的结论："每一个管理行为都必须是一种学习行为。"[16] 艾米·埃德蒙森（Amy Edmondson）也写过一篇关于"将执行当作学习"的文章。[17] 创造力不再只是研发部门的美德，而是几乎无处不在。

然而纵观全球，大部分人都尚未做好迎接这一挑战的准备。大多数地方的基础教育都依赖死记硬背，大学教育通常只提供专项的高级综合课程（capstone course，通常是大学最后一年设置的教学项目），并假设学生自己就能弄清楚如何将知识点连接构成完整的知识体系；而目前企业的业务流程和组织结构仍然基于科学管理和质量管理运动的观念，由一些临时的、叠加的元素组合而成。

接受全球调研的高管们揭露了两个特别明显的差距。这些差距来源于两个相关问题，一是数字技术是否会大幅增加工作中思考性工作的比重，二是他们在工作时是否必须比过去思考得更多。所有受访者在选择"非常同意"和"同意"之间的占比产生了 10% 的差距（见图 4-5）。美国及加拿大、印度和中国的认同度和问题匹配度都很高，但欧洲大陆（21%）、英联邦及爱尔兰（15%）在两个相关问题的匹配度上却存在一定差距。

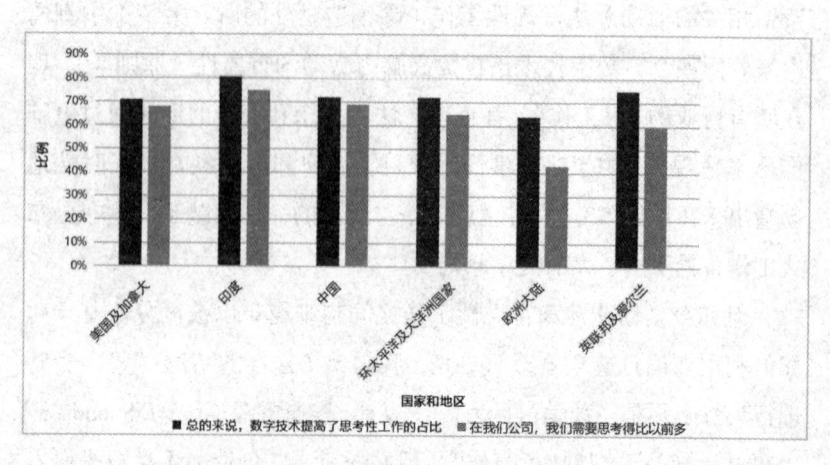

图 4-5 思考的差距：总的来说，工作中的思考内容增加了，但高管们自身并未比过去思考更多（每个区域的受访者都 >50 人）

当然，一个看似合理的解释是，欧洲大陆的高管们确实比较悲观。无论如何，在这一次的排名中，他们有了同伴（英联邦及爱尔兰）。另一个可能的解释是，世界某些地区的工作已经发生了变革；尚未这样做的地区必须迎头赶上。不过，最有可能的也最简单的解释是：人们总是倾向于乐观，认为自己应该不会那么巧地经受别人

第4章 数字技术对领导力的影响

所遭遇的挫折，并因此坚信自己不必做出改变。

全球调研结果还显示，受访者已认识到培养创造力和持续学习的必要性。他们还认为自己所在的组织正处于衰落阶段（见图4-6）。在这方面，没有一个国家或地区声称已获得了成功。在"非常同意"和"同意"的占比中，受访者对"企业高管必须培养创造力和持续学习的能力"问题的认同度要高于对"所在企业的高管应该培养创造力及持续学习的能力"的认同度。全世界的这两者之间的平均差距为17%，其中美国及加拿大的差距为13%，欧洲大陆的差距高达53%。其他地区的数据看起来不错是因为他们选择"同意"的占比超出了"非常同意"许多：印度（6%）、中国（14%）以及英联邦及爱尔兰（11%）。

第8章将讨论领导者如何使创造力成为领导力。

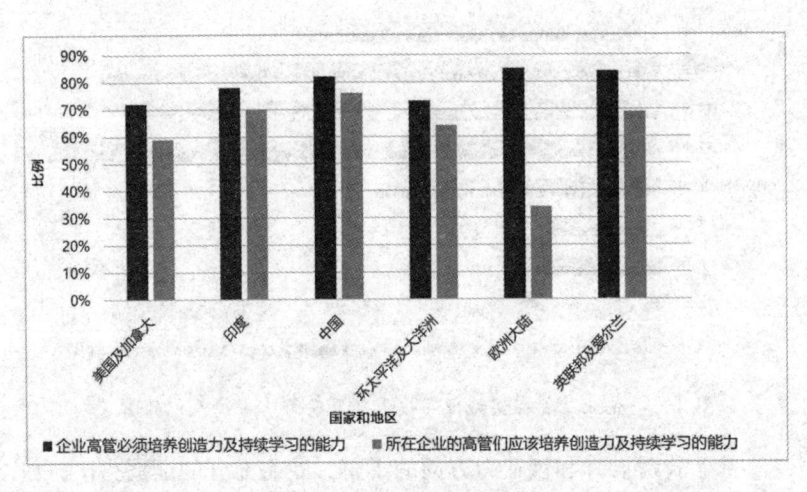

图4-6 创造力的差距：在有必要培养创造力和持续学习能力的趋势下，高管们并不认为自己的上级做得足够好（每个区域的受访者都 >50人）

技术举措的重点需要得到重新平衡

全球调研向受访者提出了两个关于数字技术实施的问题：应该以什么为中心来推动它？贵企业实际以什么来推动它？这两个问题有 7 种可选答案，范围涵盖从"以技术为中心"到"以人为中心"的倾向，中间是"以业务为中心"。有 56% 的受访者在"应该以……"的问题中选择了向技术倾斜的 3 个选项，同时有 58% 的受访者表示所在企业实际是从"技术"方面推动相关实施（见图 4-7）；在"以业务为中心"的答案上，24% 的人选择了"应该以……"，而 22% 的人表示所在企业确实是"以业务为中心"推动数字技术实施的；此外，有 19% 和 20% 的人分别在"应该以……"和"实际以……"中选择了偏"以人为中心"的 3 个选项。

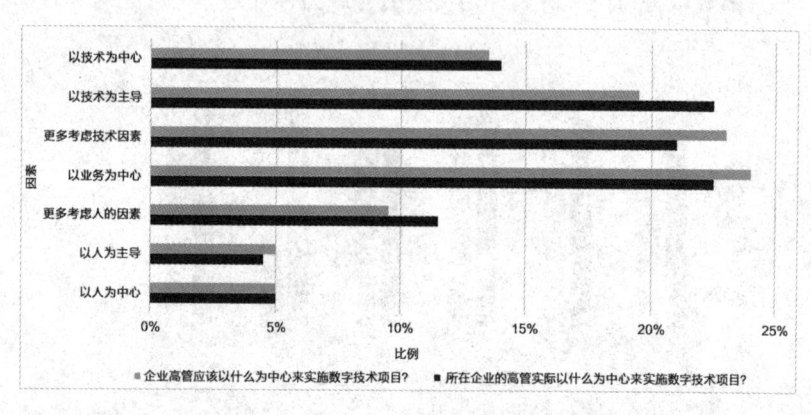

图 4-7 企业高管在实施数字技术项目时鲜少考虑人们的需求

基于我对设计和创造力方面的了解，我有充分的证据指出，如果只以技术和/或业务为重点却不关注人们的需求，企业的行为就会产生次优结果（见第 8 章），所以上述调查结果其实是一个预警信号。与此同时，还有一个更为严重的问题。还记得我之前在第 2 章反对滥用"颠覆"一词时说道："斟酌用词是如此重要。它们塑造了我们的思想，就如同我们的思想塑造了它们一样。"同样，人们对接下来所流行的小玩意儿的不理性应用将会导致没有价值的，甚至是对社会有害的或是危险的结果。

我将在第 9 章和第 10 章继续讨论这些问题，并探讨领导者需要做些什么来避免企业陷入此类困境。

更快地掌握进行关键决策的权力

应该说，本节观点适用于所有后续章节，这主要归功于分布式工作（原则 3）及技能提升（原则 2）的辅助。与过去相比，数字时代的人们得以更快地获得决定重大决策的权力，人们将不再像以前那样能拥有充足的准备时间，这导致"学习专业技能的时间"在 21 世纪初就开始被严重压缩。

在 2005—2010 年，迈克尔·瓦金斯（Michael Watkins）和我非正式地统计了参加我们领导力课程的来自世界各地的中层管理人员的情况。其中一个问题是询问每个人最近一份工作的任职月数。除了科学家和技术专家，其余受访者的任期没有一个是低于 24 个月，又或是超过 36 个月的。这意味着大部分高管每隔两到三年的时间都会跳槽，掌握新工作的特质，提供个人独到的价值，再换另一份工作，如此循环反复。

全球调研也正式调查了一个类似的问题，询问了受访者的公司在让员工承担跨组织或跨国的责任之前，现在和 10 年前要求的工作经验年数。一共有 600 名高管回答了这两个问题（见图 4-8）。尽管有199家企业（占受访者的1/3）没有修改招聘政策，但总体而言，需要10年以上工作经验的企业数量下降了约8%，而需要1～5年工作经验的企业增加了近6%。不过中国的数据与这一趋势相反，有近64%的中国企业仍表示需要相似年限或更多工作经验年限的人才。

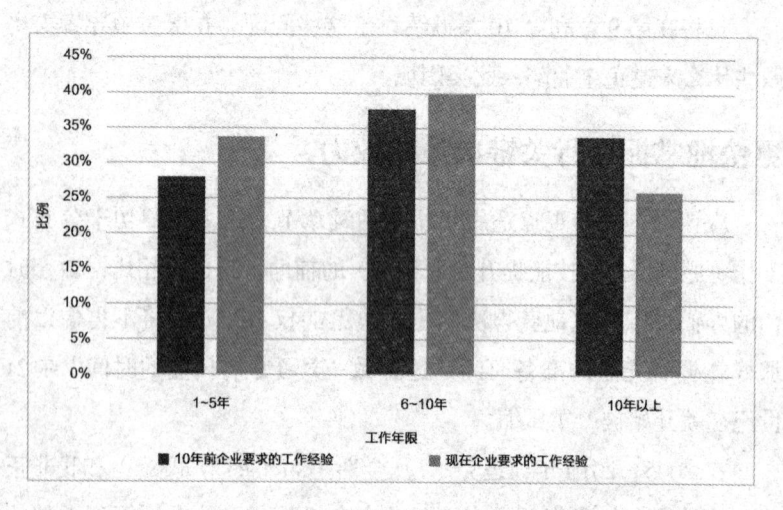

图4-8 对能胜任跨国或跨组织类岗位的人才的工作经验年限要求
（数据源于600位受访者）

与此同时，跨国公司的数据更加引人注目：430家企业中有288家（67%）已经改变了它们的招聘要求，其中要求1～5年工作经验的比例上升了12.5%，要求10年以上和6～10年工作经验的比例分别下降了10.8%和1.7%。这意味着，在430家跨国公司中，工作经验较少的人正在参与做出许多重要的决策。

这些发现表明，在数字时代，许多人从其职业生涯的较早时期开始就能对企业内外的更多人产生影响。因此，企业需要比以往更早地关注个体员工的领导力发展。领导力不再仅仅隶属于那些位于企业权力结构最高层的人们。

通过前两章和本章的论述，实际上，贾库马尔的整个研究可以被简化为一个观点：曾经在上一个时代运转良好的观点、流程、系统、价值观和组织，将不足以应对下一个时代所带来的挑战，对领导力来说亦如此。

这是不能也不该被忽视的一课。谁都无法预知能否得到"重来一遍"的机会。在接下来的章节中，我将继续介绍领导者们必须采取哪些举措以应对数字时代的领导力挑战。

LEADING IN THE DIGITAL WORLD

第二部分

引领创新

> 别人看到的是"事实",并问"为什么"。我看到的则是"可能性",问的是"为什么不"。
>
> ——巴勃罗·毕加索(Pablo Picasso),绘画作品《人性的蜕变》

> 当我还是个孩子的时候,我只懂得拿着相机,指挥我的朋友们,这和合作毫不沾边。但作为一名成年人,我认为制作电影的本质,是学会欣赏周围同伴们的才华,因为我知道,我永远不可能独自制作出任何一部这样的电影。
>
> ——史蒂文·斯皮尔伯格(Steven Spielberg),奥斯卡获奖导演、制片人

第 5 章 | 人才的多面性

2002 年 3 月,萨姆·帕米萨诺(Sam Palmisano)出任 IBM 的首席执行官。得益于前任首席执行官劳·郭士纳(Lou Gerstner)成功地阻止了华尔街分拆 IBM 的企图,并使其恢复正常运作,帕米萨诺得以专注于在数字世界重塑 IBM。

在 2005 年的分析师大会上,帕米萨诺将 IBM 形容为一个"全球整合型企业"(GIE),而不再是"跨国企业"。在 2006 年《外交》杂志的一篇文章中[1],他基本上将 GIE 定义为原则 3 所设想的能够跨时间和跨地域进行有效工作的企业。

在帕米萨诺所界定的 GIE 中,包括核心研究任务在内的工作任务不再受限于单一企业和国家,只会被分配到最适合的地方完成。(IBM 曾在美国、中国、印度、爱尔兰、以色列和瑞士 6 个国家开展认知研究,这是其未来发展的关键。)有时候,GIE 甚至需要与竞争对手在特定项目上进行合作,就如同 IBM 与微软的合作一样。它还可能要求来自政府关系紧张的不同国家的公民进行合作。

自 1995 年以来，IBM 一直在帮助其高管团队为应对这些变化做好准备。比如，郭士纳推翻了一个长达数十年的政策——不再"对人与人之间的差异视而不见"，而是"关注差异，并希望从中学习"。[2]

帕米萨诺由此建立了一系列高水平的"整合与价值团队"（IVT）。[3] 首先整合了 IBM 的供应链网络、生产制造和人力资源三大部分，接着第四个是建立全球解决方案中心。

而第五个 IVT 关于以"人"为本，由郭士纳发起，由两名直接向帕米萨诺汇报的人领导，由 50 位来自全球业务、职能部门和主要市场的高级管理人员组成，它承担了转型中最具挑战性的内容。它旨在定义"IBM 全球员工"[4,5]，创造出一种能够培养大量全球领导者的文化，而不仅仅是培育西方背景或是以西方为主的领导者。它参考了 2003 年举行的名为"ValuesJam"的 3 天大讨论的成果。当时，全球 30 万名员工对 IBM 长期价值观可能发生的变化进行了讨论，以使其与世界各地都保持关联性。此后，IBM 在新兴市场增加了 9 万名员工。IVT 5 也为此讨论过，如何确保 IBM 员工在多样性下保持统一。

不仅仅是 IBM，其他全球领先企业也专注于吸引多元化的领导者。力拓集团（Rio Tinto）是一家全球 200 强企业，业务遍布多个国家。其不单会聘用一些受过高等教育的专业人士，也会雇用一些生活在就业机会稀缺地区的员工。2016 年，在新任首席执行官的领导下，它开始重组其运作方式，包括重新评估有志于高层职位的员工的领导力水平。首席人力资源官（CHO）维拉·基里科娃（Vera Kirikova）在提到她负责的 CXO 招聘时表示：

我们应该着眼于人本身。发自内心地尊重每一个独立的个体，而不是将其视作达成目的的手段。我们需要让我们公司真正做到以人为本，而不是将其视作达成组织战略的手段……所以候选人必须了解我们要做什么，以及这将如何影响我们的员工。

过去，我们招聘时只关注候选人的能力，但现在，我们寻找契合我们文化与价值观的人才……我们希望能够吸引来自各个国家的杰出人才。

早在数字时代之前，联合利华就会定期将高绩效人才调到新的领域和岗位上，这些"学习并证明"的行动不一定意味着升职机会，这是为了让高管们尽快了解所要领导的团队的文化多样性以及将要服务的市场。[6]尽管具备这种轮岗机制，但2015年的亚洲高管晋升率[7]，除了印度籍高管，比如说当时的首席运营官（COO）哈里什·曼瓦尼（Harish Manwani），仍落后于西方同行。这个问题并不仅仅存在于联合利华。[8]由聂东平（Winter Nie）、让·路易斯·巴索克斯（Jean-Louis Barsoux）和联合利华亚洲区高级人力资源主管肖琳（Daphne Xiao）联合撰写的文章中结构化地论述了这个问题。

许多西方跨国企业都依赖于一系列全球领导能力。在大多情况下，它们选择全球领导者的要求本质上与选择国内领导者的要求相同，这使得亚洲经理人们很难参与竞争。而现实情况是，企业无法将东方人变成西方人，反之亦然。[9]

文章建议"减少硬性要求的数量""审查人力资源的实操结果，

以识别结果偏差、盲点和差距",并寻求"更多东亚的声音和商业观点"。除了在内部解决这些问题外,联合利华还与IMD进行合作,为遍布全球的企业定制设计高管研讨会。由于偏见不仅仅是西方的问题,总部在亚洲的全球性企业也受邀参加。在研讨会上,来自西方和亚洲的企业高级管理人员们将致力于解决存在于自己企业中的问题和偏见,相互寻求灵感和建议。

几十年来,强生集团的人力资源政策一直被视为其他企业的标杆。而从2013年起,强生用了三年时间来建立文化中立的、全球统一的领导力标准。[10]现在,除非法律禁止或合同有其他规定,这些标准适用于所有员工。

戴姆勒(Daimler)的最高管理层于2015年启动了"领导力2020"计划。由8个分布在世界各地并由多元化的中高层管理者组成的"设计团队",制定全新的全球领导力标准,来取代现有的领导力标准。[11](披露:我曾为其亚太团队做过一个主题演讲,考虑到后续分享需要,这次演讲也被录制了下来。)

Salesforce首席执行官马克·贝尼奥夫(Marc Benioff)在2015年接受记者采访时表示,他为自己在创业时期没有关注包容性而感到遗憾。

一直以来,我们(作为首席执行官)所接受的训练是应该关注股东的利益(每股收益)。诺贝尔经济学奖获得者米尔顿·弗里德曼(Milton Friedman)曾说过:"企业的天职就是赚钱。"(The business of business is business.)好吧,你猜怎么着,到了2015年,企业的天职不再是赚钱,而是要改善世界现状,这成了首席执行官们的新使命。他们需要打造出色的产品,照顾好员工和客户,建立拥有优秀文化的伟大企业,同时他们还要让世界变得更美好。[12]

在接受采访前,贝尼奥夫曾在一个通过了歧视性法律的州公开支持LGBTQ获取合法权利。他还敦促其他的首席执行官们也这样做。他在采访中表示,虽然公司目前的女性员工比例还不到30%,但他计划5年内将这一比例提高到50%。Salesforce的审计结果发现,支付给男性和女性的工资不平等,为此其提高了6%的工资幅度以应对该差异。Salesforce还修改了招聘和晋升制度,以便女性和少数族裔群体能进入岗位候选库。此外,公司还有一项制度要求任何会议中女性员工至少占参会人数的30%。

数字时代的包容性:如此必要

无论是什么样的人,全球领先企业的最高管理者们通常都是实用主义者,而不是理论家。相较于追求抽象的目标,他们更倾向于通过努力增加收入和利润,通过确保现金流、推出新产品和进入新市场来使企业取得成功。那么,他们为什么要投入精力重新定义领导力,改变人才管理政策,来让企业变得更具包容性?

显然,有些企业一直承受着法律强制要求其包容的压力,这主要涉及欧洲的企业。此外,由学者和顾问主导的大量研究表明,在衡量首席执行官的绩效指标体系中,多样性与企业绩效间存在着积极的联系。

例如,在美国[13]、西班牙[14]和荷兰[15](不包括澳大利亚[16])的企业中,女性出任董事会成员可以提高公司绩效。她们的任职还会提高企业的社会责任评级，改善企业的声誉。[17] 即使是在团队分散的情况下，文化多样性也有助于改善企业决策。[18] 麦肯锡于 2017 年开展的一项针对 12 个国家中的 1000 家企业的员工、执行团队和董事会层面的调研发现，性别多元化程度最高的企业在与金融市场相关的指标上，表现要明显优于多元化程度最低的企业。该研究亦发现种族和文化多样性也导向类似的结果。[19]

两个数字时代的原则也使需求的快速变化变得无法避免：工作变得更偏脑力劳动（原则 4），并且由男性和女性共同在多文化环境中跨地域（原则 3）地完成工作。限制一个人积累才华是非常不合逻辑的，因此，包容的心态和行动对于企业来说必不可少。过去那些具有长影响弧的技术表明，掌握数字技术的企业并不能成为赢家，只有进行必要的组织和领导力变革的企业才能成为赢家。

企业高管们应该还记得，在质量管理运动中以团队合作和包容性领导力为核心理念的日本企业曾领先全球其他地区的企业整整 30 年。然而，它们未能将曾经具有革命性意义的理念延续下去，以及以此来吸引和留住有能力的外国人和日本女性。这也导致它们失去了主导地位。

在 2011 年《麦肯锡季刊》中的一篇关于日本企业生存问题的文章指出了这一点。[20] 它敦促日本企业采用英语作为工作语言，因为"这将帮助日本拥抱充满人才的世界，要知道，有志于全球性工作的亚洲人才更倾向于学习英语，而不是日语或俄语"。它还建议日本"拥抱多样性，并为来自其他企业和行业的女性、外国人和日本经理人设定鼓舞人心的目标"。

这里所讨论的问题是普遍存在的，尽管我举的大多是西方企业的例子。这种选择上的偏差主要是由于我查阅的都是以英文出版的作品。此外，值得提前注意的是，对某种类型（如性别）的包容性讨论很容易被其他类型（如种族或文化）的包容性讨论所取代，这正在给世界各地的社会造成挑战。

培养包容力

首先，你必须接受一个概念，**即人们的身份认同很重要**。人们会为自己的性别、传统、成就、个性和其他许多相关特征感到自豪，他人的成见乃至一般性看法都会深刻地影响他人有效地施展能力。其中有些由社会、制度和个人偏见所推动形成的看法，往往存在着严重缺陷。

2017年，在一场由女性所领导的持续抗议活动（包括一次全球2万名员工的罢工行动）之后，Google（谷歌）修改了制度，在性骚扰、歧视和非法解雇诉讼方面加强了对女性员工的保护。[21] 而这一切来源于一位认为"女性不会编码"的Google男性程序员。[22] 他在Google的内部网上发布了一份"宣言"，声称Google在包容性方面的努力阻碍了他自身的进步。当他的宣言被公开（工作中的高度透明化原则）并导致硅谷的兄弟文化受到外界广泛批评后，Google的首席执行官桑达尔·皮查伊（Sundar Pichai）解雇了他。

这位程序员做出了一个基于身份的主流假设："女性不会编码。"这种观点来源于他在大学时，编程课上的同学大多是男性的经历，但他忽略了美国编程史。

20世纪中叶，当美国女性不被允许成为工程师、科学家和数学教授时，许多女性充当着不为人知的"计算机"角色，是她们的计算和编程工作帮助我们开拓天文学知识的领域,并让男性(当然!)进入太空。[23]后来,随着社会习俗的变化,女性开始能够进入大学和企业。

1960年,当女性劳动力仅占总劳动力约36%时,她们在计算机和数学专业(美国政府的官方分类)人数中的占比达27%。[24,25]到了1990年,女性大约占总劳动力的46%,而在该专业内约占35%。然而到2013年,女性劳动力的占比为47%时,她们在计算机和数学专业中的比例却下降到了26%。

关于获得计算机和信息科学本科学位的女性的统计数据也遵循类似的规律。在1970—1971学年获得计算机本科学位的学生中有13.6%是女性,这一比例在之后的十几年内一直稳步上升;到了1983—1984学年,计算机本科学位中的女性占比达到了37.1%;但随后几乎每年都在下降,到了2010—2011年,女性占比仅为17.6%。

简·马戈利斯(Jane Margolis)发现,这些规律之所以会出现是因为学术界将先前存在的社会偏见放大了。[26]在1983—1984学年,个人电脑刚进入市场,美国家庭经常把第一台电脑放在儿子的房间里。父亲会与儿子一起编码,却几乎不考虑教女儿编码。因此,当儿子和女儿一起进入大学时,儿子们知道入门课程中的编码知识,但女儿们却不知道。此外,大学的课程调整也以顺应儿子们的能力为主,并未顾及女儿们的情况。2002年,马戈利斯受计算机科学家艾伦·费舍尔(Allan Fisher)邀请,参与了相关课题研究并合作出版了一本书[27]。在书中,马戈利斯阐述了研究发现:现在,许多大学正在改变教授计算机入门课程的方式,那些已经开始改变的学校反馈,越来越多的女性学生选择了该专业。

相比之下，拉丁美洲和印度的女性在计算机科学专业学生中的比例更高。[28,29] 甚至在持有不同社会偏见的印度，目前这一比例也达到了40%。[30] 父母鼓励女孩学习编程，因为他们认为程序员和计算机科学家的工作环境比许多其他职业更安全。所以，生理因素绝不能决定命运，原本也不应该能。

Google高级工程师约纳坦·宗格（Yonatan Zunger）在此事件发生前不久刚跳槽至一家初创公司，他在博客中写道：

宣言中所有"女性特征"，都是在工程学方面能够取得成功的核心特征。任何人都可以学习如何编写代码，但这项工作真正困难的是知道要编写哪些代码，为目标制定清晰的计划以及建立实现这一目标所需的共识。

这份宣言的结论恰恰与现实相悖。的确，女性在社会化的过程中变得更懂得关注人们的情感需求等方面，但这使得她们能成为更好的工程师，而不是最差的。她们所具备的是我一开始就没有的技能，是我必须通过多年的艰苦工作才能学来的。[31]

所以那位发布宣言的Google男性程序员完全错了。不过，也要感谢他给我们上了一堂重要的课。许多文章和网站就如何领导异地的、多元文化的、多组织的团队提供了建议。[32,33] 但除了极少数建议[34]，大部分给团队的建议都是"立即提高你的领导力的五项规则"。实际上，**你必须真正觉得人们的身份认同很重要并发自内心地尊重它**，否则这些规则实际上对你而言起不到任何帮助作用。只有当你真正关心什么是正确的事情时，你才可能坚持做正确的事。毕竟，**没有一套规则可以帮助这位程序员做好领导一个包括优秀女性在内的团队的准备。**

同时，在国家/行业层面进行的研究也支持这一主张："认可性别多样性的国家和行业都能从中受益，那些不这样认为的，则不能。"[35]

你还应接受**行为**多样性很重要这一观点，比如接受公认的文化实践、行为或语言的差异。它不应该"被认为是一种无法避免的灾祸：考虑到这是任何全球性业务团队都无法避免的事情，团队可以通过语言训练和培养文化敏感性来尽量减少其影响"[36]。如果认同这一观点，那么它将损害你的领导能力。

米歇尔·格尔凡德（Michele Gelfand）和40多位同事一起对来自33个国家的6,823人进行了调研。[37] 他们基于个人和职业生活的各个方面定义了15种情况，并询问了在这些情况下12种行为的适当性。同时，他们还评估了每个国家的各种生态和历史因素并最终得出结论，人们会随着环境条件的变化做出相应反应，比如那些经历过社会动荡的人往往会严格遵守社会规范（例如准时），而那些来自更宽松的社会环境的人会具备更包容的行为（例如对变化和新想法持更开放的态度）。调研团队在美国50个州都观察到了这些规律。[38]

历经代代相传的行为是很难被改变的。随着工作更多地受脑力驱动（原则4），如果在没有充分理由的情况下要求限制人们原本的行为习惯，或是要求人们采纳新的行为习惯，可能会抑制人们有效做出贡献的能力。而这些举措也可能会造成误解和冲突。

你必须意识到各种可能性，收集它们的诱因，并包容行为上的差异性。请注意，我强烈建议你"包容"，而不"明确预期行为"，因为后者会导致无用的建议的产生，比如"让每个人都在规定好的团队章程上签字"之类的。这样的建议被认为是把某些特定文化中所认为的良好行为制度化了。只有当所有相关人员都认可这些建议时，这些制度才会奏效。否则，世界上的所有章程、服务水平协议和具有法律约束力的合同，都只会成为归咎于人和分摊失败成本的手段。

除了"预测可能性"和"包容"外，还需做好"适应"的准备。因为你必须从一系列可接受的选项中做出选择，来达到预期的结果。但如果你对行为多样性缺乏同理心，你甚至可能都无法意识到选择本身的必要性。

如何学习身份和行为多样性的相关知识

学习处理行为多样性基本上可归结为揭露差异。[39] 它要求人们所持的理念从民族中心论（比如否认及诋毁其他文化）发展到民族相对论（寻找差异，接受差异的重要性并适应），再到整合（具有多元文化的世界观）。例如，郭士纳领导 IBM 变革时明确倡导了民族相对论，而帕米萨诺在任期间则追求整合。这些变化不会在一夜之间发生，也不可能不费吹灰之力就发生。

无论何时何地，询问人们多样化行为和身份时要以一种不带威胁性的方式（"我注意到……""是我弄错了吗？""请帮助我明白……"）。处于特权地位的人提出这样的问题可能会很棘手。我们需要认识到的是，那些不具有特权的人没有向那些处于特权地位的人说明某项特定声明、实践或政策存在何种问题的义务。但是，如果你尊重他们，并且你们之间的对话会带来具有建设性意义的改变时，你可以不带威胁地提问，他们将帮助你了解他们所看重的事情以及背后的原因。在第 7 章详细展开讨论的心理安全概念，将对能够有效地做到这一点起到至关重要的作用。在心理安全的环境中，人们感到自己受到保护和支持，因而更易畅所欲言。

成为具有包容性的领导者

为了有效地领导不同族群的人，第一，**你需要从你的词库中消除"领导力语言"**。早在 2008 年，在强生集团改变其全球领导力标准之前，其年度高管 360 度评估报告中列有两个职业标准："优柔寡断——做决定时犹豫不决"和"避开需要发生的冲突"。[40] 第一个因素，果断是典型的盎格鲁－撒克逊男性特质，这导致了亚太地区和许多女性慎重做出的决策不受重视。[41,42] 第二个因素含蓄地表达冲突有时是好事。但对谁来说是好事呢？如果说这两个因素的存在是为了确保担任领导职务的人敢于做出艰难的决定，那为什么不采用更简单且包容的方式来衡量呢？

即使是善意的、谨慎的企业和个人也会受困于领导力语言，因为它早已在我们的文化中根深蒂固。虽然教授和顾问们会经常提醒企业高管要注意在跨文化环境中避免使用体育俗语或习惯用语，但他们并未要求高管们注意自己在领导力方面的言辞。

你很难捕捉到每一个需要被改变的"领导力语言"术语，因此，你只需要专注于你常用的那些：与其他人进行交流，了解这些词语对他们来说意味着什么，并对这些敏感对话可能引起的冲突有心理准备。当你学到一些新东西时，要将它们作为重点，努力地应用练习。优秀的企业和真正的领导者都会做出必要的改变，即使这样做充满了困难。

第二，尽可能消除不公平的看法。 假设最近将召开一场会议，有许多员工与老板处于同一办公场所，但核心成员是通过电话或线上视频参会的。那么进行会议安排时，是更多考虑处于同一办公地点的团队，还是更多考虑位于其他地方的团队成员？是否便于异地成员进行远距离社交以及建立联系？现场的人能关注到他们的意见吗？如果一位女性成员提出了一个意想不到的观点，会发生什么？或者，如果一个男性成员紧跟其后提出了完全相同的观点，又会发生什么？那些还不能熟练使用通用工作语言的员工的会议表现如何？谁可以得到选择任务的权利？

相信所有人都经历过这种情况：会议安排总是优先考虑老板是否方便；会议的每一次改期，原本是想要尊重那些远程办公的员工，但实际上却在剥夺他们与同事交流的机会；老板往往向围坐在四周的员工提出问题或征求意见，却习惯性忽略远程参加会议的成员们；女性的发言要么被忽视，要么就得由男性介入并解释"她想表达的实际上是……"；与女性提出相同观点的男性因"打破常规"的发言而受到称赞，但女性却什么都得不到；那些通用工作语言说得不好的人通常选择沉默，即使发言了，也常常会在组织语言的时候被打断；在现场的人能获得选择任务的权利，而远程参加的那些成员会被要求参与并协助任务；男性能得到选择任务的权利，而女性只是被告知需要提供协助，即使她们已足以胜任项目。

随着时间的推移，员工所产生的怨恨和挫败感将会逐渐累积。如今，例如 Glassdoor 等网站正提倡高度透明化（原则 6）。在数字时代，想要掩盖为类似工作提供不平等报酬，或是向某些人提供资源、权力和机会，但拒绝提供给另外一些人的做法，会比过去要困难得多。这会导致那些优秀但感到被轻视的人寻找其他机会。

要记住，尽你所能确保"结果公正"。比如 IBM 前首席执行官帕米萨诺曾走遍全球，让远离总部的员工能够接触到自己。他将决策权授予其他地区的高管，让他们有权在对应的时间做出某个决定。这些简单的举措平衡了企业内的权力，使得规则不再只利于那些与老板处于同一办公地点的成员们。

考虑到数字时代的特性，ABB 前首席执行官戈兰·林达尔（Goran Lindahl）对上一任管理者所颁布的政策进行了有针对性的调整。他宣称，ABB 的官方通用工作语言并不仅是英语，而是"糟糕的英语"[43]。这一精心设计的政策意在鼓励每个人都能踊跃发声。

然而，并非所有结果都可以实现完全公平：相较于位于同一地区的员工同工不同酬的问题而言，由于地理位置不同而导致的薪资差异可能源自合理的经济差异。在这种情况下，需要做到将人们的投入考虑在内。只要确保决策的过程是公正且透明的，并解释你不能做什么以及这样决策的缘由，这种"程序性正义"就将蕴含巨大的能量：即便结果可能不尽如人意，但通情达理的人们也会基于过程公平接受这些结果。[44]

第三，**改善彼此间缺乏共识的问题**。在分布式工作（原则 3）的同时，数字技术减少了人与人之间面对面接触的机会。因此，不在同一地点办公的人很可能无法拥有与自己必须信任的同事一同进餐的机会，这可能会导致人们基于自己所处的环境对其他人所处的环境做出假设，比如：创建网络会议是因为假设每个人都能连得上网络；而为每个人分配五分钟的休息时间（上厕所时间）时，人们实际上并不知道处于其他地方的团队成员能找到的最近的洗手间在哪。

一位曾在全球各地工作过的印度高管提供了一个令人信服的案例。

我至今还记得，无数次，在安排访问与汇报、项目交付和支援请求时，西方人所表现出来的对我们的节日的不尊重。甚至是在进行排灯节（Diwali）祈祷仪式时，我也一直在参加电话会议……他们所持有的假设是，印度人无论何时何地都会拼命工作。但当我们试图做出安排时，我们则会被告知，时间跟圣诞节、新年假期、家庭聚会或是其他事由有冲突。这种缺乏尊重的行为……导致我们与西方人之间只是纯粹由合同驱动的合作关系，凡事都公事公办。

然而，当我们与其他亚洲人合作时，相互之间的尊重……使得互动更加顺畅。日历……会事先被标识出来，大家会达成共识，包括尊重个人家庭活动时间。相比之下，团队驱动力完全不一样……在应对危机时的行为也是非常不一样的。

一项关于以前一家名为太阳微系统（Sun Microsystems）的计算机公司的研究，旨在教大家如何修复令人担忧的跨国人际关系，它提供了又一个生动案例。[45] 案例主角是一位年轻的、具有"高潜力"的美国企业经理，他专程飞往印度并迅速招募了一大批毕业于著名的印度理工学院（Indian Institute Technology，IIT）的工程师。该团队的核心工作是对现有的全球客户服务支持系统进行常规以及紧急维护。几个月后，印度团队的不满开始演变为对美国和其他地方的同事的激烈指责。

经验丰富的高管们认为，该团队将难以持续发展下去：因为一部分IIT毕业生已成为硅谷的亿万富翁，另一部分毕业生则在印度

"硅谷"为估值高达数十亿美元的初创企业工作。高管们预测,受挫于能力与任务的不匹配,这些印度团队成员很可能集体辞职,且极有可能会加入某家初创公司。

虽然我们可能不知道其他人能否联网,离人们最近的洗手间在哪里,人们什么时候庆祝重大节日,但只要用心,这些差距并非难以弥补。要知道,信息技术部门可以帮助解决联网问题;数字日历能显示出世界各地的主要宗教活动;那位年轻的美国企业经理只需花几分钟的时间,就可以从网上了解到IIT的情况。**坦率地说,真正的问题是:你在乎吗?** 如果你想要成为数字时代的高效领导者,你就必须在乎。

你的团队成员们也必须改善彼此间缺乏共识的问题。这需要创造出一个能让他们讨论彼此间差异并找到解决方法的环境,然后将这些讨论内容与你的企业或团队的价值观相关联:团队成员不需要变成彼此最好的朋友,但他们之间必须建立起有益于合作和共同创造的工作伙伴关系。为团队创造社交的机会,如果经费预算不支持团队偶尔进行面对面会议,那么也切记要在电话会议中设置缓冲时间。鼓励设置一对一的成员交流作为补充管理机制,甚至在适当的情况下,用这种机制来替代正式的决策机制。如果预算允许,则应拜访彼此所在的工作场所并观摩同伴的工作。而如果刚好由你来控制预算,请务必为这类关键任务划拨专用资金。

第四,**向拥有不同观点的人征求意见**。人的大脑会过滤环境刺激。也就是说,我们更倾向于接受熟悉的事物而不是陌生的事物。[46]我们可以很轻易地在人群中认出我们的朋友,但是在面对事件,尤其是那些涉及陌生人的事件时,我们的眼光则很差。我们所看见的是我们"想"看见的。[47]我们更重视自己的而不是他人的判断。但我们的判断往往会偏离客观事实。

文化多样性有助于我们弥补这些偏见,它可以提升组织的创新氛围并降低失误。[48]教育和年龄多样性,有助于成员在需从事高强度脑力工作时提高团队绩效。[49]在解决困难问题时,拥有可采用不同方法对问题进行编码并寻找解决方案的成员的团队,表现要优于出色的个人员工。在一篇介绍自己的相关著作的学术文章中,斯科特·佩奇(Scott Page)将这一情形称为"多样性优于能力定理"。[50]

第五,了解隐性偏见的力量并采取改善措施。隐性偏见是指"具备相对无意识和相对潜意识的偏见判断和社会行为特征"[51]。实际上,针对身份和行为的社会偏见早已根深蒂固,甚至有时候人们根本没有意识到,他们的偏见行为可能已经违背了他们所拥护的信念。你可以通过这个网站进行测试:https://implicit.harvard.edu/implicit/takeatest.html。

例如,美国一所顶尖医学院的学生更偏好白种人和处于上层阶级的患者。[52]无论男女,所有的风险投资人都会倾向于向男性企业家提出关于收益最大化的问题,向女性企业家提出关于损失最小化的问题,然后向男性企业家投更多的钱。[53]在一系列实验中:在工作面试中表现出愤怒情绪的男性候选人所获得的评价要高于同样表现的女性候选人;男性被认为更有能力及值得获得更高的薪水。[54]在一项广泛普及的识别隐性偏见的测试(内隐关联测试)中,"偏白人特征的姓名和领导角色(例如经理……)或领导特质(例如果断……)"能更快地被白人和少数族裔参与者识别。[55]这两个群体都更有可能提拔名字听起来像白人的人。

由于隐性偏见往往是无意识的，人们很难与其对抗。但如果你能意识到这一点，你将有可能减少它发生的可能性。比如，与那些经历过这种偏见的人讨论可行的解决方案。但想要安排这样的对话可能没那么容易，对话只有在心理安全的环境下才可能顺利开展。

此外，你还可以通过修改制度和流程来减少隐性偏见发生的可能性。例如，近年来，已经有一些企业对候选人简历中的所有身份识别信息（包括姓名、地址、就读大学等）进行删除，确保决策者们看不到这些信息[56]，以便决策者的注意力能集中在评估候选人的能力、技能和经验上。

第六，**解决确保个体包容行为一致性这一难题**。在 IBM，帕米萨诺指派了两位非常忙碌的高管共同领导"定义全球 IBM 人"的任务。这是一项极其艰巨的挑战，因为项目所计划制定的全球一致原则要能够满足数十万员工的期望。因此，他选择了首席技术官和首席人力资源官作为任务执行官，这表明了包容性问题同样是技术发展所要完成的关键任务。

你可能也会面临类似的挑战。在某些时候，你不得不临时做出反应，重新组织新的领导语言，确保结果和/或程序公平，提高对彼此的共同认知，进而形成一致的标准和政策。否则，对个体来说是可行的但对整体来说却无法达成一致的决定，可能会导致意料之外的结果。

可以通过两个简单的问题来理清思路。首先，在数字世界中，这个标准/政策会造成什么样的危害？通过回答这个问题来识别你目前所采用的领导力标准/政策是否存在缺陷。这将为接下来的改变提供明确的根由。接下来，在数字世界中，这种改变应如何使我们团结起来？通过这一问题，对新领导力标准或政策进行评估。这个问题将揭露你的临时解决方案中可能存在的缺陷，并确保最终的解决方案与你认为的不可侵犯的价值观达成一致。

过去，个人和组织道德都会——甚至有时候，由法律——引导包容性行为。而在数字时代，虽然这些举措依然重要，但偏脑力的、分布在各地的工作，正在使包容性成为生存的必要条件之一。因此，无论工作在世界何处开展，数字时代的领导者都必须采取相应的行动。

第6章 宽展翼，而非长尾

在20世纪的大部分时间里，世界各地的企业都习惯于将"I型"（i-shaped）高管提拔到领导位置。他们在某个特定领域——职能、产品线、技术或业务中拥有深厚的专业知识，每次晋升只是稍微地扩大了他们的职责范围。这个模式在科学管理时代是奏效的，因为许多晋升通道都能通向最高管理层；在质量管理运动时期，跨职能团队的出现则弥补了晋升通道数量的减少。

然而在数字时代，高管们缺少进行循序渐进学习的时间。正如第4章所讨论的，人们晋升至重要职位所需的时间正在缩短。因此，在谈及I型中层管理人员时，一家全球著名消费品公司的首席技术官概括了现如今所面临的挑战。

如果我走出办公室，告诉我的员工："去征服那座山！"那么他们将会十分完美地、按时按预算地完成这项任务。但如果我走出去说的是："去爬山吧！"他们就会愣住，然后问："哪座山？"

问题在于,现在我们所处的世界,需要他们定期决定哪座"山"值得去爬的情况越来越多。

在2010年的一次采访中,设计公司IDEO的首席执行官蒂姆·布朗(Tim Brown)提出了一个潜在的解决方向。[1]所有IDEO专业人员都拥有某个领域的专业知识,但他们也可以采纳其他学科的观点,甚至可以使用其他学科的(某些)工具。在极少的自上而下的干预下,这种T形的知识和技能扩展,帮助他们完成了很多原创设计。布朗还提到,其他设计巨头企业(像苹果公司、宝洁和耐克)也聘请了这样的专业人士。

大约20年前,T形概念被用来描述精通业务的信息技术专家(但不是精通信息技术的业务专家)。但由于IDEO的标志性地位,布朗的话仍引起了广泛关注。从那时起,其他知名企业也开始拥护T型专家,但与IDEO不同的是,它们也不完全排斥I型人才。

马克·沃伦威尔德(Marc Vollenweider)是易唯思公司(Evalueserve,一家为全球500强企业提供数据服务的数字本地供应商)的联合创始人。在相继担任首席执行官和董事长之后,他不再承担运营方面的管理职责并转任首席战略官。他主张进行更激进的变革,这与美国陆军的做法相类似(见第4章)。

我认为,从反馈闭环与二阶、三阶非线性效应等方面来看……(商业世界已成为)一个非线性的耦合系统……它可能会在一瞬间变得非常不稳定……每个人都能够同时获得同一信息……人们能更快地做出决策……信噪比正在下降……

我们的利润好坏依赖于中国的铜消费,要知道,中国的铜消费正主导智利经济发展。铜的需求上升会导致我们在智利的人力成本上升;相对而言,我们的利润就会下降……由此可见,干扰和各类外来因素可能比可控的变化更重要。不可预测性正在持续增加,并成为难以撼动的常规因素。

领导者们必须适应这一新环境。他们需要设想出具有颠覆性的未来产品。虽然可能很多设想都是错的……但他们必须清楚,如果不这么做,就会被市场淘汰掉。领导者必须亲自从市场中获得"质感"……这是那些处于后台部门的人无法做到的……真正的数字化领导者不会将这样的任务委派他人。

实际上,领导者并不想建立"一个帝国"——也并不想背上这种负担。相较之下,目标的实现在很大程度上将需要依赖外部合作伙伴的帮助来达成……

虽然领导者不是技术专家,但也并不会害怕探讨技术细节……当面对 24,000 个需要提高决策效率的微小决定时,他可以将这些权限全部授出。

此外,领导者必须愿意进入其以前从未见过的领域……并进行刻苦学习。

广度是关键。顾名思义,你将进入全新的领域。你不需要像专家一样进行深度钻研,但你必须对相关课题有全方位的了解。

我把符合沃伦威尔德描述的领导者称为"T 型"领导者。他们具备比蒂姆·布朗所提到的专业设计人士更多的能力。他们的知识呈宽翼结构(知识广度)而不是长尾结构(知识深度)。他们的渊博知识使其能够识别出哪些山丘值得去占领；同时，他们的学习意愿能弥补其在知识深度上的不足，并帮助其确定如何学习。

发展 T 型领导力

多年前，领导力专家沃伦·本尼斯（Warren Bennis）和罗伯特·托马斯（Robert Thomas）发表了一篇关于"领导力的熔炉"（Crucibles of leadership）的文章。[2] 其中写道，诸如推出一项新服务、进入一个关键新市场或关闭一家工厂等相对罕见且异常困难的事件教会了企业高层管理人员如何真正带领团队。

在沃伦威尔德看来，在 VUCA 数字世界中，高管们常常需要在严酷的条件下实施领导。他麾下的一名高管在与客户进行日常互动时发现，需要一个新颖的数字平台用于支撑业务。随后，沃伦威尔德亲自指导了该平台的开发，该平台也很快成为投资银行家们操作业务时的标配。在这个项目中，他与潜在客户保持密切联系，从而获得用于定义战略意图所需的信息。他与其他公司合作，这些公司的员工增强了他的团队实力。他也提前为需求的不确定性做好了应对规划。此外，他还将关键决策权授予了一个分布式的团队，并信任他们。他还学习了新的数字技术和设计方法（尤其是本书将在后面讨论的设计思维），并成为投行日常工作模式方面的专家。

沃特·范·韦施（Wouter Van Wersch）是通用电气亚太区（该区营收规模在数十亿美元以上）的首席执行官，他简洁地回应了沃伦威尔德的观点：T 型领导者拥有"**引导专家走出中间地带的能力**"。他管理的东盟的高管团队曾对 10 个国家进行调研——其具有从资本主义到社会主义的各种经济体制，从自由民主到君主专制的各类政治意识形态——了解这 10 个国家是如何做出重大决定的。这些研究使得团队得以明白，为何通用电气总部下辖的事业单元有能力达成一些仅靠单个部门无法推动的跨业务项目整合。团队成员们都至少能流利地说两种地方语言（和英语），并能准确理解他们的合作伙伴所使用的功能性的、专业性的以及商业性的术语。这种"多语言"能力帮助他们了解每个群体的核心需求并弥补差异。

一位日本车企的中级主管用他的个人经历举了一个关于使用多种语言的例子。他曾经以一名软件工程师的身份，领导了混合动力发动机核心系统的开发工作。"我并不是发动机设计方面的专家。"他说道，"不过，我的专家同事们会向我解释专业性方面的问题，表达他们的担忧以及建议，而我的职责是倾听他人的意见并确定下一步方向。"

对于数字时代来说，这并不奇怪。通往最高管理层的道路正在发生变化。2011 年，哈佛大学商学院教授、人才管理领域专家鲍里斯·格鲁斯伯格（Boris Groysberg）和两位来自某跨国招聘公司的高管凯文·凯利（Kevin Kelly）和布莱恩·麦克唐纳（Bryan MacDonald）写道："我们逐渐发现，高层管理者彼此之间的共同点，要多于他们与各自所带领的业务领域的员工之间的共同点。"[3] 全球公认的高管转型指导专家迈克尔·瓦金斯总结了有抱负的领导者必须做到的七项"重大转变"，每一项转变都要求高管迅速拓宽视野。例如：只要受过"砌砖工"的训练，他们就应能成为"建筑师"；只要有过"战士"的经历，那么他们就应懂得如何做一名"外交官"。[4] 由于异地办公团队的人员构成正变得更加多样化，且人们晋升至重要职位所需的时间正在缩短,你将比你的前辈更早地历经"重大转变"。

不幸的是,传统的大学教育和毕业最初几年的工作,仍然在响应20世纪的管理模式。虽然对于某些职业来说,接受一个领域的培训可能是必不可少的(例如专攻癌细胞研究的科学家),但它并不能帮助你做好成为T型专家的准备,更不用说成为T型领导者了。对于工作而言,你只是通过完成了一个符合泰勒理论的小范围任务体现出了自己的工作价值。

即便你想要脱离,却可能为时已晚,因为不利的影响已经形成了。你已经学会了用"那种正确的方式"看待世界。在旧技术成熟之前,你还没有为新技术的出现做好准备,也不了解中国的铜消费情况会影响一家与铜无关的企业的利润这一现实。因此,请谨记沃伦威尔德的话:**广度是关键**。顾名思义,你将进入全新的领域。你不需要像专家一样进行深度钻研,但你必须对相关课题有全方位的了解。

曾获得2002年诺贝尔经济学奖的心理学家丹尼尔·卡尼曼(Daniel Kahneman)与他的研究伙伴阿莫斯·特沃斯基(Amos Tversky)的研究或可说明这样做的好处。他们将人脑所依赖的盲目快速决策称为"系统1"思维。[5] 理性思考("系统2"思维)的反应较慢,因为它需要大脑努力回忆相关事实并考虑其他可能性。大脑最常使用的是系统1,只捕捉容易获得的信息,而不考虑其真实性如何。但这也有一定道理:毕竟在一个简单的世界里,错把一块大石头误认为是潜伏的捕食者而逃跑,总比被吃掉更好。然而,在如今更复杂的VUCA世界中,依赖此类信息(易得到的启发式的信息)

通常是有问题的，因为这些信息很可能是错误的。[6]

此时，知识的广度从劣势变成了优势。大脑的快速推理不再被"那种正确的方式"思维所迷惑。在系统1机制下，T型高管比传统高管拥有更多种类的、更熟悉（易于回忆）的、能立即被利用的信息；而在系统2机制下，他们可以从多个角度分析问题，也可以跟得上专家们的行话，将不一致的信息更好地整合到一起。

其他领域的研究也表明，广度具有核心优势。在面临需要集中注意力、条件受限或者需要短期记忆的任务时，双语者的表现要优于单语者。[7]因为他们可以通过外语的思考逻辑来识别更多值得思考的可能性，以此来减少做出决策时可能面临的偏见。[8]同时，与普通科学家相比，获得过诺贝尔奖的科学家更有可能在音乐或其他艺术形式上有所造诣。[9]

因此，我建议你尽早开始拓宽你的视野。如果你仍在上大学，可以添加专业课之外的课程。比如选修统计思维类课程，不是那些神秘的统计代数的课程，而是统计逻辑在实际问题中如何应用的那种课程；如果你只会一种语言的话，建议你再报一些语言课程；如果你学习的是商科，那么建议你参加提供案例分析、实践演练和情景模拟的课程，而不是纯粹传授理论或仅使用案例研究来强化理论以及只规定一个正确答案的课程；如果想要了解不同组织、市场和行业可能存在的不同问题，那么建议你选择咨询公司作为第一份工作。

如果你是一名在职高管，那么你需要根据实际环境来调整使用这些方法。除了一些无可争辩的科学事实——比如宇宙不仅只有5000年的历史，气候变化并不是一场骗局——任何事情都可能存在多种真相，你永远都无法预知会在哪里找到你所需要的知识和资源。

因此，第一，**要积极寻找机会来开阔自己的视野**。让自己接受各式各样的事实、想法、模型、经验、知识、思想、观点以及感受。要相信，接受这些实际上比你想象得要容易；此外，多了解你所在领域之外的那些事情，与那些和你所在领域无关的人共进午餐，探讨他们是如何看待问题的，并尝试为他们的观点做辩护："让我看看我是否理解你所说的。"

第二，**学会用情景和模拟的方式思考问题**。大多数人回顾过去并期望未来会与过去一样，但在VUCA世界中，这种"线性思维"是一种鲁莽的思考方式。可以回顾一下1996—2002年的爱立信或2001—2008年贝尔·斯登（Bear Sterns）等公司的股价图表。在股价疯涨多年后，爱立信和贝尔·斯登都因为遭受几个关键事件而股价暴跌。如果单看增长年份的匿名股票走势图，高管们通常会预测这些公司将继续表现良好。

卡尼曼解释了原因：因为人类极其不擅长用概率去思考事情，所以在某事发生后他们马上感知到的因果关系——系统1的产物——往往过于简单并很可能是错误的。要想从概率的角度思考问题，那么就必须引入系统2的思考机制。

当面对任一重大决定时，问问自己会做出什么样的假设。例如：假设一认为，在可预见的未来里，经济环境不会发生变化；假设二则认为，尽管业务全球化了，但在世界上的其他地区不会出现新的竞争对手。人们一般会基于技术、市场、竞争对手、合作伙伴、文化和政治做出假设，但是他们往往忽略了VUCA事件出现的可能性。

如果从这组假设中选出两个最可能出现问题的假设，那么这将成为影响你选择的"关键未知因素"。如果这些关键未知因素的对立面真的发生了，无论是单独地还是叠加地，你的决定会受到怎样的影响？如果你的决定会因此而改变，那么请再思考两个问题：你如何知道两极对立是否真的发生了？你将会怎么做？

这种简明扼要的演练并不会导致"分析瘫痪"。恰恰相反的是，如果定期练习，它可以帮助你避免线性思维并提高你在 VUCA 数字世界中的决策效率。

第三，**主动参与、协助甚至主导未被明确定义的项目**。这些项目往往存在资源、政治和人才方面的重大局限性；同时可交付成果和个人奖励也可能不够明确。但请不要过于担心眼前的回报，因为这样的项目正是一个完美的"迷你领导力熔炉"。

一名通用电气东盟团队的成员描述了他兼职领导一个项目的经历，该项目涉及他未曾管理过的业务部门，以及政府、外部企业、公共和私人国际资助机构、非政府组织等参与方。这个项目将耗时数年，且成功的可能性很小。当被问及如果项目失败他能获得什么时，他回答说，将获得他所学到的一切。除非通用电气"犯蠢了才会不照顾我"。他说道，如果通用电气真的犯蠢了，那么其他公司也会立即雇用他。一段时间后，他获得了两次快速晋升，并担任某高级领导职务。

成为 VUCA 数字世界中的 T 型领导者

以下四个步骤将帮助你有效地处理数字化的、VUCA 的场景。

第一，**确保你的领导团队能够访问核心知识库**。为了应对 VUCA 数字世界对弥补关键知识差距的要求，需要确保具有此类知识的人参与到决策过程中。只有这样，你才能穿越中间地带，使用对应的术语行话与具有不同知识的人进行交流，同时在他们忽略他人的基本诉求时进行调解。在选择时，优先考虑知识淘汰率高的和易受 VUCA 条件影响的专业知识。

又或者，由于决策者的能力不是无限扩展的，许多同样重要但可能无法兼得的因素将共同作用并决定谁可以参与进来。那么，为了确保参与的人都能够获得这些稀缺的专业知识，你可能需要想出一些新的方法来做到这一点。

例如，对于知识淘汰率很高的数字时代来说，可以考虑在你所领导的团队中建立一种"伙伴关系"，像联合利华在一些欧洲国家所做的那样：为所有 40 岁以上的高管匹配 30 岁以下的"反向数字导师"。虽然并非所有 40 岁以上的高管都是技术恐惧者，也并非所有 30 岁以下的员工都是技术爱好者，但整体看来，这项政策还是很明智的。因为如果只是将反向数字导师匹配给特定的高级管理人员，一些高管可能会对公司判断自己与数字技术脱节，把自己单独挑出来而感到不满。而为每个高管都匹配反向数字导师则可以避免这个问题。此外，这样做还可以让所有高管经常了解年轻员工的世界观。

第二，**在你的管辖范围内进行适度的领导责任授权**。要知道，你不可能事无巨细地盯着所有事情。分布式的、脑力驱动的工作可能会导致难以应对的 VUCA 状况。你需要的信息被隐藏在了代码、商业机密、模型和人们的头脑中。采取行动的原因可能没有被记录下来，不采取行动的原因更不易被记录下来。而组织边界、语言冲突以及文化差异，都在加剧这些挑战。人们更愿意使用唾手可得的信息，而不是仅需花费少许努力就能获得的更好信息，人们几乎很少考虑去寻找更难获取的信息。(如果你不相信这一点的话,可以想想你在网上搜索信息时,最多浏览了多少网页,浏览了哪些网页。)

威权式管控不仅会造成业务管理上的瓶颈,还极有可能会形成实实在在的障碍。相比之下,对领导责任的适度授权将帮助领导者团队共同穿越更多中间地带。

凯瑟琳·克拉姆顿(Catherine Cramton)教授和帕梅拉·海因兹(Pamela Hinds)教授的研究提供了在跨文化工作时应进行领导责任授权的另一个理由。[10]当对一个涉及三个国家的双边项目团队展开研究时,他们发现了"文化适应"(cultural adaptation)所引发的复杂连锁效应。当一个国家制定的制度被另一个国家修改,这会引起第一个团队采取应对措施,而第二个团队又会提出更多变化,如此反复。这个过程将一直循环,直到双方都接受所有的修改条款,或是因无法妥协而宣告失败。

之所以会出现这样的情况,是因为双方的方案都没有将对方的实际情况,包括工作以外的情况考虑在内。例如,虽然扁平化组织对数字时代来说是有价值的,甚至是必不可少的,但在许多国家中,等级制度仍具有广泛的社会影响力,并对人们在工作之外的生活产生着巨大影响。适度分配领导责权,可以让这些问题浮出水面并得到解决。

第三,**确保你的员工理解你的战略意图**。战略意图指的是统一的发展方向和行动步伐,而不是定义一个愿景(一种理想的、遥远的、最终的状态)或一个战略(一个期望达到的宏伟目标)。[11]它说的是"尽快到更高的地方去",而不是说"去占领那座山,那座唯一的山,现在就出发"。在VUCA条件下,明确的战略意图能够带来更好的工作效果，因为它授予了分布式领导团队基于整体工作框架下的，可根据当地情况进行适度决策的权力。这等于是说："整体来看，我们应该往那个方向去。你们可以根据目标的要求，决定翻越哪座山。"

采取这种方法可能需要改变你的行为。如果你也曾像许多高管一样，跟员工说过："不要只带着问题来找我。还要带上答案。"如果是这样，请你立刻停止这样做！这些话会阻止人们分享那些尚不成熟或完善的想法，也可能使得他们不能及时告知你那些潜在的、超出了他们能力范围的 VUCA 事件。他们的沉默可能会演变为你原本可以避免的危机。相反，你可以说："遇到问题就来找我。我们可以一起梳理问题。我可能会反驳或提出新的建议，甚至由我亲自来解决。"

第四，在可能的情况下，**重新设计员工的工作**，以便让他们为自己职业生涯中所需要的知识广度做好准备。这样做也可以帮助你更好地完成自己的工作："中间地带"的范围可能会缩小，因为会有更多的人一起思考判断如何填补它们。在 2018 年离职之前，苏珊·索博特（Susan Sobbott）担任美国运通公司的全球商业支付总裁，负责该公司 40% 的收入。当被问及她如何判断某人是否拥有"高潜力"时，她说道：

从某种意义上说，我认为的"高潜力"人才应该具备更广阔的视野。作为总裁或首席执行官，我一个人是无法经营整个企业的。但只具有小众专业知识的人才是很难帮到我的，对我们彼此来说，压力都太大了。我需要这样的人才，既能识别不同的事情是如何结合在一起的，业务是如何运作的，还能够利用具有创造性的问题解决技巧来弥补专家之间的差异。

我们曾在第 5 章讨论了个人和群体的多样性，而本章则着重讨论了职能的多样性。在数字时代中，这些问题本身就很重要，同时它们对于创造力的影响也至关重要（即将在第 8 章讨论）。接下来，我们将在第 7 章讲述如何将这些不同的人群聚集在一起。

第 7 章 | 具有真正的合作精神

1962年的古巴导弹危机将世界带到了核战争的边缘。正如《决策的本质》(The Essence of Decision)这本精妙绝伦的书中所描述的那样,如果把美国和苏联政府都视为理性且统一的机构,就无法理解它们所带来的危机。[1] 因为在各自的政府治理体系下,每个核心机构(像美国国务院和苏联外交部、美国中央情报局和苏联国家安全委员会、两国的国防部)都有自己的目标、制度和程序,并可能与其他政府对应机构的目标、制度和程序背道而驰。

这一重要的洞察通常会被忽视:战略领域关注的是组织层面的合作,而组织行为领域关注的是团队之间的合作。但两者往往都没有将对方的情况考虑在内。而数字时代的合作必须被视为发生于这两个紧密关联层面之间的现象。

第一个层面的合作,即组织之间的合作,比以往任何时候都更加重要。它将对完成核心工作起到至关重要的作用,而不仅仅是为了降低边际成本或增加边际收入。如果缺少它,某项产品或服务甚至可能都不存在。就像前文中列出的例子：诺基亚和它的电池合作伙伴，波音和其分布于三大洲的 13 家供应商共同制造了波音 787 硬件，航空公司联盟保障了乘客的无缝换乘体验，以及咨询公司聘用了办公地址遍布全球的团队。

在数字时代，一家企业很难控制它所需要的全部知识产权要素。而一家企业一旦从另一家企业购买了知识产权，两者的命运就会长期捆绑在一起。就好比无论史蒂夫·乔布斯的才华如何出众，如果没有康宁（Corning）公司的"大猩猩玻璃"，那么 iPod Touch、iPhone、iPad 和 Apple Watch，以及全世界市值最高的企业之一——苹果公司——就不可能存在，因为几乎没有其他企业能制造出类似的玻璃。当然，苹果公司也可以选择与另一家企业合作，但它的命运同样也会与另一家企业的命运捆绑到一起。

此外，最初对知识产权的选择可能会消除后续选择的机会。[2] 举一个简单的例子：MacOS 与 Windows 的竞争。在苹果公司用英特尔芯片取代 IBM 芯片之前，Windows 软件甚至都无法被安装在 Mac 上。而换上英特尔芯片后，虽然操作系统间可以相互模拟，但 Mac 电脑性能仍会受到影响，因为只有操作系统自带的软件才能将系统的最佳性能发挥出来。同样地，要想改变企业用于业务管理的软件供应商（如 ERP、CRM 和 PLM），通常还需要改变企业的制度和标准、程序和做法，甚至文化。[3]

第二个层面的合作是（或许来自不同的公司）团队间的合作。[4] 团队中的每位成员都应根据其他成员的情况来调整自己的工作方式。当存在多个团队时，"集中型"的相互依存关系就会出现，它比两个团队之间的"互惠型"相互依存关系更具挑战性。专业（不同的学科和技能)、身份(不同的性别、种族、国籍、文化和年龄)以及个人(不同的行为)的多样性也加剧了挑战。[5]

全球调研显示,全世界的企业高管在团队层面上的合作并不那么顺利(见图4-4)。他们处理不当的那些问题,以及那些他们错失的机会,都会影响到组织合作。例如,在波音787项目中,有一个工厂频繁出现问题,这迫使波音公司不得不从其中一个合作伙伴公司手中买下它。[6] 这反过来说明,组织之间的矛盾将不可避免地影响到实际开展合作的团队。

由此可见,希望建立合作的组织领导者们需要对团队层面的合作有清晰的认识。如果做不到这一点,在VUCA环境中游走的许多变量将很可能发展为重大问题。

培养合作的本能

当诺基亚前任首席采购官让·弗朗索瓦·巴里尔(参见第4章)被问及他对潜在合作伙伴的要求是什么时,他回答说:"一块尚未被打磨的钻石。技术只要达标就可以,不一定要十分精湛,但关键是他们的团队要愿意继续充分打磨它。"

你如何找到并与"尚未被打磨的钻石"合作?弄明白以下三个问题很关键。

第一,关键人物必须是值得信赖并且可靠的。公共数字账簿(public digital ledgers)使用区块链技术记录了每一笔交易。社会信用体系(人们可以在网上进行评分)也可以反映某人的可信度。因此,精通技术的年轻专业人士经常宣称,"数字技术将使信任变得无关紧要"。或许他们的信念在将来会实现,但就目前而言,这种看法将问题过于简单化了。

区块链技术保障了产品或服务在独立交易中的"交易信任"（"A 将规定产品卖给 B，并在规定温度条件下运输给 B。"）。而社会信用体系也提供了对类似情况的相关洞察。（"我是否应该延迟向一个在 eBay 上只有两星评级的供应商提供发货的发票？"）但两者均无法保证是否有人愿意在未来的某个日子里，以具有创造性的方式与陌生人达成良好合作，以解决可能发生的危机。

实现有效合作的关键挑战在于，如何克服对合作方可能因违背信任而造成的伤害的担忧。[7] 当范围延伸至陌生人时，就会产生"风险信任"，这个取决于已知条件（这个人是一名经验丰富的律师）和已知流程（这是一个可靠的预警系统）。[8] 然而，这种信任会很容易被打破[9]，同时距离还会放大担忧情绪[10,11]。因此，有经验的企业高管会经常评估任职于其他组织的同行的可信度，并将其作为组织信用的替代物。巴里尔举了一个例子：

> 信用涉及（一个人的）核心价值观。我曾与一家生产无源元件的美国公司合作，并与他们的销售负责人共进晚餐。他告诉我，他是当地一个教会的主席。我回应道，我与各种信仰的人，包括无神论者都有密切的合作。但他接下来的话让我无法理解："顺便说一句，我并不相信上帝。我担任这个职位是因为相信借着上帝的由头能够更好地在美国做生意。"这让我产生了极大的顾虑。我问他："当你私下的形象与你在公开场合所展示的面孔之间存在如此大的差距时，你要我们如何相信你呢？"

在数字时代中，不真诚的领导者很容易失去他们的信誉（参见第9章）。这位美国高管亲口承认了自己的表里不一，这断绝了其能实现真正意义上的远距离合作的可能性。虽然他试图通过分享一个黑暗的秘密来树立自己值得信任的形象；但这反而意味着，他会牺牲任何承诺，只为达成自己的利益。

从另一个角度来看，曾担任美国运通公司全球商业支付总裁的苏珊·索博特提到，高管的"信用与可靠性直接相关"。在参观公司分支机构时，她会"对团队成员保有同理心并理解他们的处境"。她谈到"他们所提出的关于策略或竞争的独特质疑，是基于他们的日常工作经验"。因此，她所关注的不仅仅是"高智商这一基本要求"和"能整合大量的信息并连接各方"的能力，还关注：他们是否具有善于与他人合作的能力；他们是否会提及与同事、客户或直接上级间的合作；他们是否积极主动地与他人进行合作，实施并认可他人的贡献；他们是否具有克服挫折的韧性，能抵制住威胁感并坚持下去，在面对他人的意见或批评时仍然保持积极的工作状态……

那些经常抱怨别人或习惯孤军奋战的人暗含着危险信号，这说明他们既不愿信任别人，自身也难以被信任。就如同成长型思维方式需要对新想法保持开放的态度一样，合作型思维方式基本上可以被看作高绩效的必备条件。

将此与科学管理的核心属性相比较——关注一个人主要做什么，或是与质量管理运动的核心属性相比较——是否能与在同一工作地点的同事达成合作，你会得出结论：这意味着，你不仅要懂得合作，而且还必须能胜任远距离合作，否则你就不可能成为一个高绩效的人。

第二，**认识到真正的合作是一种战略选择，而不是不可侵犯的道德准则**。囚徒困境，作为博弈论中的一个模型，它完美地捕捉到了合作共赢的概念。[12]当两个犯罪嫌疑人被警察分开讯问时：如果一方能够指认另一方，则指认的一方可以获得最轻的判罚或无罪判决，而警方将会得到相应的证据来对被指认方做出长期监禁的刑罚（"赢-输"模型）；如果双方都保持沉默且没有互相指认，那么他们都将得到较轻的判罚或无罪判决的结果（"合作共赢"模型）；如果双方都互相指认，他们各自所获的刑期将比保持沉默情形下的刑期要更长（"双输"模型）。但除非他们与对方沟通过并且信任彼此，否则通常出现的结果都是"双输"局面。如果他们是惯犯（有点笨拙的），并打算和对方无限期地合作下去，那么局面就会发生变化。因为，重复面对同样选择的可能性会使得保持沉默——"合作共赢"——成为双方的最佳选择。

囚徒困境表明，合作共赢只有在特定的条件下才能发生——需要沟通、信任以及反复互动。追求合作共赢是有价值的，因为合作可能会让谈判各方发现他们在早期没有预见到的利益。扩展这些利益集，可以促使合作双方更愿意就对方想要的东西做出让步，同时交换到更多自己所看重的东西。

然而，作为一个热门词，合作共赢正在被滥用。人们不断宣扬着寻求合作共赢的意图，即便他们根本没有任何理由要这样做。在这个过程中，他们忽略了上述第二点所提出的至关重要的微妙差别（真正的合作是一种战略选择，而不是不可侵犯的道德准则）。或许他们把合作共赢当成一种道德规范，错误地将其与"己所不欲，勿施于人"这类基本的道德准则混为一谈，但这势必会产生另一个问题：比起反复寄希望于用"合作共赢"来应对"赢－输",直接用"赢－输"来应对"赢－输"(针锋相对)更有可能确保长期的合作。换句话说,虽然以眼还眼"会"让世界变得盲目,但它也可能促使人们达成合作。

对"合作共赢"一词的随意且过度使用导致真正的共赢难以实现。例如,对这个词的滥用会使其意义大打折扣。道德消退的概念(详见第9章)指出,在现实的利害关系面前,那些抽象的美德将难以维持。巴里尔对此比喻道:"大多数人在合作时试图表现得像古代的君主一样,显示着自己的宽宏大量。但一旦他们的利益受到威胁,他们就会立刻变回真正的国王,只做对自己最有利的事情。"

更糟糕的是,受道德消退的影响,人类大脑会重新对实际行为进行解释,并错误地在自己的记忆中把它与所信奉的美德标准关联到一起。随着时间的推移,人们正在把那些未过度影响他人的个人胜利——即"赢/没输"的结果称为共赢,从而使得真正的共赢更难以被辨别。

因此,如果你真正重视合作,请谨慎选择你的措辞。斟酌用词很重要。不要在没有合作共赢意图的时候谈论它,也不要在没有必要的时候寻求共赢。虽然这样做有可能促成更公平的结果,但并不会带来未曾预见的利益。不这样做也不会造成道德上的损失。只有将合作共赢的理念真正应用到需要的情况、对象和组织上,你才有可能完成实现共赢所需的艰苦工作。

第三,合作型领导者应基于自己曾获得的成就来衡量成功。在合作的过程中,要专注于创造出比你独自一人所能做到的更大的成就。只要你的表现比你所预期的或你过去的表现更好,就意味着你取得了胜利。但随后而来的论功行赏将不可避免地引发消极情绪。

理查德·帕森斯（Richard Parsons）于2001年出任美国在线时代华纳公司（AOL Time Warner）的董事长，当时美国在线和时代华纳的高管们正陷入一场自相残杀的斗争中，而这场斗争正在摧毁这家公司。在大家都不看好的情况下，他统一了各个派系，从而成功地扭转了公司局面。后来，作为花旗集团的主席，他带领公司从2009年的全球金融危机中走向复苏。作为一个完美的合作者，他曾对一位采访者说道：

当你开始谈判时，记得留一点点东西在谈判桌上……我觉得人们被他们的顾问、投资银行家、律师和其他人困住了，每一次交易都像是一场压倒对手，只为了占那么一点点便宜的拔河比赛。但人们并没有意识到，顾问们会转向下一笔交易，而你和我却必须再次见面。[13]

然而，在21世纪的第二个10年里帕森斯的这项建议却遇到了一个道德例外：只有当报酬分配结果基本公平的情况下，人们才不会过于关注报酬和分配过程。这也是为什么共赢应该被视为一种战略选择，而不应被视为一种道德要求的另一个原因。**只有当缺失了基本的公平性时，选择"赢-输"模型——以牺牲他人利益为代价——才可能是一种真正的道德选择。**

这就是为什么全社会都在长期剥夺女性和少数群体公平地享有成功利益的权利的原因。比如在相同的工作岗位上，女性所获得的薪水要少于做同样工作的男性的薪水（经济合作与发展组织数据显示，在2016年两者平均相差13.8%）。[14]这种情况也同样会出现在好莱坞演员们商议巨额合同的时候。[15]在这些情况下，忽视利益的分享、只关注过去曾取得的成果会使得不公正现象继续存在。虽然通过提高女性的薪酬来实现平等，可能会使一些男性无法获得应有的加薪，但这种"赢 – 输"局面并不一定是错误的。

推动组织和团队层面的合作

对于组织和团队层面的合作来说，存在一个共同的前提，即放弃指挥控制型领导力模式，因为它处于合作的对立面。[16] 指挥控制型领导者会导致希望进行创新的复杂组织的失败，相比之下，合作却可以为多元文化及多元组织在追求创新和创造力的道路上提供帮助。[17] 假设你已经同意并具备了想要合作的心态，那接下来该怎么做呢？

在组织层面，**需要评估哪些网络成员可以成为合作伙伴**。典型的数字世界网络包含了许多组织成员，但并非所有的组织成员都能提供同等的贡献：一个销售商品的公司与一个能贡献宝贵知识产权的公司是不能相提并论的。它们所应获得的待遇也是不相同的：知识产权提供者可能是一个需要被重视的合作伙伴，而商品销售者会很容易被替代。因此，与知识产权提供者签合同时，可以考虑加入共赢条款，而与商品销售者谈判时可以尽量参考市场价格。

实际上，要识别应该与谁建立共赢的合作关系并不难，只要诚实地按顺序回答以下两个问题，便能理清思路：如果他们离开，我们会遭遇损失吗？如果我们离开，他们会遭遇损失吗？如果回答了两个"是"，则非常有必要建立共赢关系，但前提是对方也必须这样认为；如果回答了一个"是"和一个"不是"，则你更可能面对"赢 – 输"的局面；但如果回答为一个"不是"和一个"是"，也别太沾沾自得意，请把它看作能够实现相对公平结果的理由（例如，向对方支付市场价格)。

此外,当你与另一家企业进行谈判时,是否主要讨论服务水平和法律协议?即便是处于最好的合作关系中,也建议你适时查阅这类文件。但如果你时时刻刻都盯着这些文件,你很可能缺乏合作关系中需要的相互信任,希望你能尽快补足这一点。

在组织层面,**还应提高合作关系的规范性,并明确规定失败的后果**。一个只按合同行事的组织,与其说是合作伙伴,不如说更像一个只完成最低限度的社会期望的陌生人。因此,在合作关系中,应制定更高的标准,使得那些违反的人无法轻易解释或逃脱。[18]此外,还应明确违反这些标准的后果。合作关系不仅意味着更多特权,还意味着更大的责任。

巴里尔提供了一个案例,抛开案例涉及的特殊细节,这不失为一个好的参考模式。他曾为诺基亚供应商网络制定了一个不容侵犯的政策:每个网络成员都有权赚取适当的利润。而身处该网络中的合作伙伴也普遍认为,诺基亚提供的"适当的利润"是公平的,甚至是慷慨的。所以,当一位诺基亚长期合作伙伴的新任业务负责人抱怨亏损严重时,他的话已然在挑战诺基亚为合作关系定下的标准。

巴里尔说道:"竟然这么糟吗?我能确保所有与诺基亚合作的供应商在我们这里赚的钱比在其他任何客户那里赚得都多。这就是为什么我可以要求并获得有利的条件,优先获得新技术等。如果你真的亏损了,那我有义务终止与你的业务合作。我并不希望你在贵司丢失面子。"随后,该新业务负责人提出需要点时间来核查数据,后来他承认之前判断有误,事实上,诺基亚是最让他赚钱的客户。

在团队层面,**要尽早建立信任和共识**。信任有三种截然不同但又相互促进的形式[19]：当各方相信他们的意图是一致且互利的时候，会形成目的型信任；当团队已获得或需要获得必备能力时，会形成认知型信任；当合作所需的程序和系统已经或将要到位时，会形成程序型信任。

在开展合作时，你不仅要确保这三者的存在，而且还要反复强调它们的存在。这种积极的强调举措是非常有效的，尤其是对目的型信任的形成来说——即第5章中所讨论的包容性的思维方式、行为和行动。[20]

除此之外，你还需要强调信任对团体目标的重要性[21]，制定团队行为规范并监督其落实。这样做能够帮助团队建立共识并推动早期信任的持续增加。[22] 同时，你必须尽早确保团队成员已知或能够随时获得有关资源和专业知识方面"团队中谁了解什么"这一问题的答案[23]，因为缺乏对现有资源的了解会削弱团队成员间的信任。

在团队层面，**要确保员工能将工作身份和自我区分开来**。一项关于聪颖的高管为什么会失败的研究表明，高管们所呈现出来的一种行为会严重阻碍合作。

他们把自己与公司混为一谈，以至于他们的个人利益和公司的利益之间没有清晰的界限……那些失败的领导者把企业当作自己的延伸，而不是把企业当作他们培育的对象。于是，一种"私人帝国"的心态悄然占据上风。[24]

起初，这些高管可能会把对组织提出的意见看作对他们个人的攻击。随着时间的推移，这种逻辑会演变为：他们可能会把对他们个人有利的事情包装成对组织有利，把对他们个人不利的事情包装成对组织不利。

巴里尔认为，如果不能将人们的工作与自我分开，往往会导致那些由事件触发的、与工作相关的冲突上升为人与人之间的关系冲突。

好的领导者能很好地管理冲突，他们不会把冲突当作个人问题。比如说，当你是市场营销负责人时，人们挑战你并不是在和你作对，而是在挑战你所代表的角色和利益。

因此，你需要尊重他人，同时也要赢得他人的尊重。你要学会爱别人，我并不羞于这样说。跟别人交流时，我会询问很多问题，我这样做是因为我想更多地了解他们。我也会时常反省自己，为什么不尊重他人。

要领导一个合作型组织，你需要有化解冲突的能力。因为你不是来打架的，而是来找出解决方案的。

你坐在椅子上是为了完成一项具体的工作。你需要能够站起来，看着这把椅子，然后将你的情绪调整好。如果你不能把椅子和你自己分开，你就会把一切都看作对你个人的批评。

艾米·埃德蒙森和顾问戴安娜·史密斯（Diana Smith）认为，类似于系统 1 和系统 2 的心理机制正在主导着组织冲突的发展。[25] "热系统"像系统 1 一样浮躁，而"冷系统"则像系统 2 一样考虑周全。一旦"热系统"占据了主导地位，那么指责的循环就会发生。而要想打破或阻止这种循环，需要"冷系统"以脱离感性的方式来重塑问题。"站起来看椅子"隐含了这一重要看法。

在团队层面，**要创造心理安全的环境**。因为我们都经历过无力发声，害怕被嘲笑、惩罚，担心被认为无知、无能、具有侵入性或消极的时刻。这些都不是令人感到心理安全的环境。在这些情况下，人们的反应通常是保持沉默并试图不引起注意。他们会在提供信息时犹豫不决，哪怕那是他们单独掌握的关键信息。[26] 当他们感到被孤立（特别是在异地办公的情况下，这是一个很常见的问题），或是他们是少数派时，他们会尤其感觉受到威胁。

埃德蒙森敦促领导者要建立心理安全的环境。除了寻求人们的意见或想法之外，他们还必须"拥抱那些带着坏消息、问题、担忧或错误而来的信使"[27]。他们还应给同侪和下属树立值得效仿的榜样，"向团队坦承你不了解的知识、你所犯的错误，以及你无法独自完成的事情"。

提供心理安全并不等同于忽视不可接受的或重复犯下的严重错误。[28] 埃德蒙森还提醒领导者应结合事件背景做出考虑。比如说，一个本可避免却最终危害到生命的错误是不可原谅的。但是，相比之下，微小错误所引发的危机不应该导致人头落地，而是应该推动改善。只有这样，人们才会勇于说出自身的想法，而不用担心发言可能导致惩罚。否则，被隐藏的问题将会发酵，直到影响创新和创造力。

在这两个层面上，**定期评估和改善你的工作网络的健康状况**。扁平的信息流有利于合作，因此，那些需要交流的人应该做到这一点。你必须加以鼓励，并创造条件使其成为可能。

通过创建网络图来诊断合作的情况，记录谁与谁交流、如何交流、何时交流，以及为什么交流。有分析软件可以做到这一点，但你最好自己动手在白板上画出来，这样才会更有动力将所学付诸实践。不同类型的点和颜色、不同宽度的线以及单向或双向的箭头可以代表不同类别的人,对话类型,何时、如何以及为什么产生沟通。

即使是简单的网络图也可以帮助诊断合作的问题。请看图7-1。

功能
▲ IT咨询
○ 业务流程
■ 数据库管理

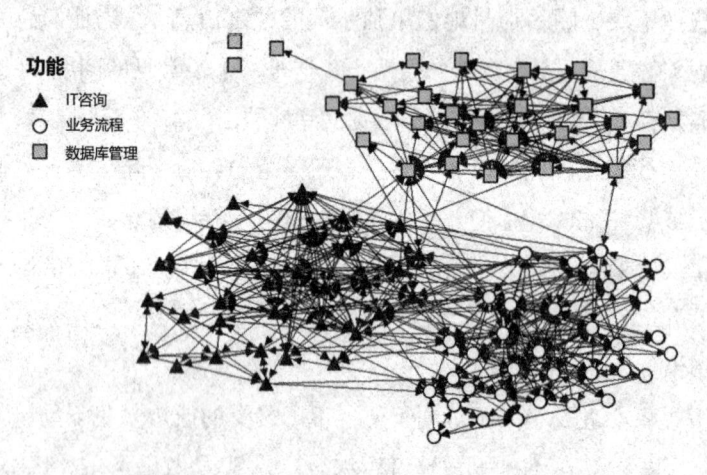

图 7-1 某企业三个团队间的合作网络分析

资料来源:迈克尔·约翰逊·克雷默(Michael Johnson-Cramer)、萨尔瓦托尔·帕里斯(Salvatore Parise)、罗伯特·克罗斯(Robert Cross),《通过网络和价值观来改变管理》,《加州管理评论》,第49期第3号(2007年春季)。

图 7-1 显示了由软件生成的某企业内部沟通的真实数据。这是三个彼此间广泛交流的团队:大多数交流箭头是双向的,其中有两个团队(信息技术咨询团队和业务流程团队)的人跨团队交流频繁,而所有团队内部都存在着互动,非常密集的互动。但信息技术咨询团队和业务交流团队与第三个团队(数据库管理团队)的联系很有限,几乎主要通过一个人来进行。有可能是工作需要比较高的集中程度,但也有可能这个人是一个指挥控制型领导者。未体现在这张图中的一个简单问题可以帮助我们识别真相:集中处理信息会给组织带来什么收益?通过分配信息流,能否使组织以较低成本获得同

等收益,或是在相同成本下能获得额外收益?

在没有进一步调研的情况下,图 7-1 也能指出关于这个合作网络存在的两个问题。如果数据库管理团队的集中联络点辞职了或被卡车撞了,那么三个团队的工作全部都会受到影响。此外,数据库管理团队有三个孤立成员。

你也可以尝试绘制类似的不同地理区域间的合作网络图(见图 7-2)。当工作分布在世界各地(原则 3),一个被边缘化的地理区域很可能会使总部失去对该区域 VUCA 条件的了解,以及失去获得该区域所拥有的独特知识的机会。网络图将帮助你深入了解这些潜在的问题。

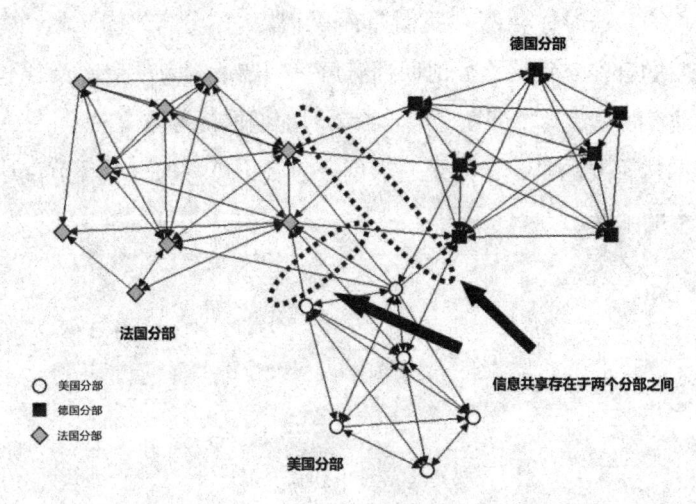

图 7-2 某企业三个区域子公司间的合作网络分析

资料来源:迈克尔·约翰逊·克雷默、萨尔瓦托尔·帕里斯、罗伯特·克罗斯,《通过网络和价值观来改变管理》,《加州管理评论》,第 49 期第 3 号(2007 年春季)。

网络图还可以帮助识别非正式组织中的关键人物，他们是大多数工作场所的动力源泉。他们可能没有明显的权威，但可能拥有更有价值的东西——信誉。这些人激励着周围的人。他们在组织中的定位是"以一种对每个人都公平的方式……来保持组织的运转"[29]。此外，技术人员对知识型工作的成功有着"不成比例的巨大影响"[30]。但你真正了解他们吗？你是否保护和奖励了他们？如果你想成为一个真正的合作型领导者，你必须这样做。

VUCA数字世界要求领导者将知识、资源和不同的人组合起来以达到目标，由此可见合作的重要性。如果你的工作做对了，即使你要像巴里尔那样——向董事会报告，你也可以针对关键任务下放相应权力。这时你会说："我们拥有一个强大的分布式团队和一个令人惊叹的合作伙伴网络。他们拥有解决问题所需要的全部流程和资源，他们将解决这个问题，我不需要对他们保持警惕。"

同样重要的是，合作是追求创造力必不可少的一个环节，这是下一章的主题。

第 8 章 倡导创造力

2017 年,我曾担任过一家拥有传奇历史的亚洲企业的高管项目的共同领导。这家企业在一个多世纪前就获得了这个国家当时最高领导人的特许经营,这种认可使它能够不断吸引优秀的员工。它的业务遍及东亚和南亚,年收入远超 10 亿美元——如果按购买力平价计算,这是一个巨大的数字。同时,这家企业也很好地融入了全球经济中:该行业中的一家欧洲翘楚以及一家全球私募股权公司持有其少量股权。有许多外国人担任着它的董事会成员和高级管理人员的职务。这很可能是一个代表着世界上大多数成熟企业的故事,甚至就是你的企业的故事。

参与该项目的高级管理人员参观了一个本土企业孵化器。孵化器的布局、可用的资源和文化等都与那些以数字创新闻名的城市的孵化器相类似。知名企业家和风险投资家已经开始前来交流拜访,并对孵化器进行指导或投资。

巧合的是,负责接待我们的两位企业家中,有一位认识我们这一行人中的四位来访高管。这位年轻的企业家曾是他们公司里一名非常有前途的经理，他以合适的方式欢迎了曾经的领导们，而高管们也如长辈般地做出了亲切回应。

这位企业家的商业模式或将改变来访高管们所在行业的产品销售方式。在演讲时，他强调这一商业模式的核心理念来自他与高管们一起工作时所受到的启发。

我问了两位企业家一个可以预见答案的问题：他们会考虑为包括本次前来拜访的公司在内的企业工作吗？我想让高管们听到他们毫不犹豫地回答"不会"，而他们的实际回答也正如我所预料的那样。为此，我私下询问了这位前雇员，在双方都有好感和尊重的前提下，为什么仍选择离开。他很谨慎地组织了措辞，但大致上是说他感觉自己被生产力管理着，而并非被创造力引导，只是为了劳动报酬而工作，而并不能发挥自己那些闪光的想法。

随着脑力劳动取代体力劳动（原则4），"好的工作"以想法和概念的形式出现。高管们必须能够引领创造力，不应该只把它当作研发部门应该具备的美德，而是应该扩大至（几乎）所有部门。如果继续只进行生产力方面的管理，会使组织和他们自己的声誉面临巨大风险。那么，你是如何引领创造力的呢？

不是指诸如皮克斯、LG、Inditex、爱马仕、苹果公司、腾讯、迅销、谷歌或其他顶级创新公司用来发挥创造力的工具、结构和流程。你可以在其他地方找到这些资料。

不是指设计思维。不过，如果你之前从未了解过设计思维——指的是一种思维方式，而不仅仅是方法论——建议你立即弥补这种不足。比如，参加一个为期数日的研讨会，在那里获得实践经验。

也可以以阅读好的书籍作为补充，但不要用阅读来取代体验式学习。要像躲避瘟疫一样躲避关于它的讲座。后面我将引入一些对设计思维核心理念的探讨，因为吸收这些理念是有效使用相应工具的关键。

也不是指关于史蒂夫·乔布斯、理查德·布兰森或者马云的创造力方法。或许某天你将会遇到一个真正的超级明星，你甚至可能不认识他，但他的话可能与我的建议不谋而合。这些建议是由我与高管和专业人士展开的访谈和私下讨论，以及我自己领导创造性工作的经验总结而成。

首先，让我们来简单定义几个词语：尽管它们经常被放在一起使用，但"创造力""发明""创新"和"设计思维"这几个词并不是可以互换的。

创造力是一种基于以往的智慧和传统的方法为新的想法赋予形式或结构的能力。 它需要以别人没有的方式来看待挑战，为思考注入新的想法。它是指用新的方式解决旧的问题，用旧的方式解决新的问题，或用新的方式解决新的问题，但绝不是用旧的方式解决旧的问题。它还需要测试解决方案。如果解决方案不起作用，那么它需要重新回到起点——或是寻求意料之外的结果。创造力很难被定义，但却很容易被识别。

发明是指将新的事物带到这个世界。而创新一方面是指引入组织以前没有提供的产品或服务，另一方面是指引入组织目前不存在的结构、流程、商业模式或系统。事实上，大多数发明并不能成为创新；反之，大多数创新也与发明不同，是把别处的想法拿过来调整并应用。

创造力对于发明和创新两者来说，都是必不可少的。而设计思维则是激发创造力的强大工具，它的核心假设是，最佳设计是将人类的需求（"是否有用"）、技术（"是否可行"）和商业（"是否有利可图"）同时考虑在内的。

难堪重荷的过去

我们很容易忽视将创造型领导力转移到中心舞台时所面临的巨大挑战。一个多世纪以来，企业一直专注于生产力（以更少的投入获得更多的产出）和流程（一种正确的行动方式）。这一时期的领导者们往往不具有个人创造力，而且基本上也不需要激发其他人的创造力。前80年里，即使老板错了，他也是对的。这导致创造力的发挥空间很小（企业中有研发实验室的除外）。而在后30年里，对非研发类的人员也仅要求其具备"小C创造力"（"小C创造力"是指具备解决日常问题以及适应变化的能力——译者注）；并且即使企业鼓励持续改进，也只是期望让现有工作变得零失误、更快以及更便宜，而并不会进一步授权。

2012年《哈佛商业评论》发布的一篇短文强烈呼吁对持续改进理念的限制。[1] 它认为质量管理工具所创造的思维方式、衡量标准和文化，与"非连续型创新"所需要的"根本性不同"是冲突的。这意味着早在8年前（本书出版于2020年——译者注）就已经有人认为企业并不了解数字时代的需求。

早在商学院创立的时候，人们就开始学习如何领导创造力。培育领导者的最广泛使用的方法是——案例研究和讲座，但这更适合传授分析能力，而不适合培养综合能力或者创造力。被广泛教授的概念——比如现金流折现、优化法、细分法，培养的是生产力的思维模式。玛丽·帕克·芙丽特（Mary Parker Follett）在1924年出版了《创造性经验》，但她杰出的学术研究（关于一系列的管理问题）在很大程度上被遗忘了。恰拉芒斯·马内梅利斯（Charalampos Mainemelis）、罗尼特·卡克（Ronit Kark）以及奥尔加·埃皮托帕基（Olga Epitropaki）[2]在2015年对有关引领创造力的实质性研究进行了回顾，并发现对引领创造力的研究——与对团队的研究一样——都是最近才兴起的。在他们所参考的300多篇文章中，有79%都是在2001年之后发表的，只有5.7%发表于1990年之前。

虽然高级别的企业领导者们可能认同创造力带来的好处，但他们尚未把精力投到这方面去。全球调研发现，企业领导者并未有效地对创造力进行领导（见图4-6）。2010年，IBM的一项调研显示，首席执行官们认为，创造力是企业家最重要的领导特质[3]，但随后的IBM调研要么没有再现这一观点，要么并未进行进一步报道，也没有从别的方面证实这一观点。[4] IBM的研究本可以更具有说服力，如果它再补充一个问题的话：如果选择能引领创造力的领导者，会导致企业在一两年内达不到利润要求或增长目标，首席执行官们还会认为这是最重要的特质吗？即便如此，近10年撰写的文章仍然经常引用IBM的这项研究。而最后，研究表明，富有创造力的人不太可能成为领导者。[5,6]

这些观察结论并不令人惊讶，因为实验研究表明，人们虽崇尚创造力，但往往拒绝富有创造性的想法。在不确定的环境中，他们更倾向于实用性而不是创造性。这种偏好会对他们识别创造性想法的能力产生不利影响。[7]

人们往往很容易支持没有什么代价的美德，但真正的领导者会采取必要的措施，即使推行这些措施的代价很高。1987年，诺贝尔经济学奖得主罗伯特·索洛（Robert Solow）提出了著名的"生产率悖论"："我们到处都能看到计算机，在生产力统计方面却看不见计算机。"[8] 虽然他的观点是在数字时代刚开始的时候提出的，但这一观点直到现在仍然成立。[9,10] 并且，没有一个经济学家会说："忽略计算机。"同样地，今天你对引领创造力的躲避也可能是错误的。如果你确实这样做了，在将来的某一天，对拒绝引领创造力进行追责也会理所当然地追到你。

不够用但却不能被忽视的东西

在前面提到的关于引领创造力的文献综述中，马内梅利斯、卡克和埃皮托帕基回顾了关于创造力的现有文献，并写道："创造性领导力有三种不同表现形式：促进员工的创造力（促进型领导者），指挥型领导者将创造性愿景具体化，以及整合不同类型的创造性贡献（整合型领导者）。"让我们从总结这三种形式开始，增加领导力领域之外的背景因素，强调关键问题，并讨论它们在数字时代的不足之处。

促进型领导者本身并不具有创造性，而是使其他人具有创造性。他们设定适当的目标，引领并指导创造性想法的产生，评估和支持想法的施行。[11] 他们创建所需的工作流程[12]，并确保进行有效的沟通[13]。

长期创新型企业对创新的研究为促进型领导者提供了许多工具，这些工具可被用于管理资金、搭建团队结构、评估员工等领域。[14] 强大的会使用多种语言的高管们能够了解不同专业的工作，并经常领导重大的创新性工作。他们会基于手头任务的情况调整对应的团队结构。[15]他们会试图重现皮克斯"智囊团"[16]（一种头脑风暴会议，由同行们在会议上向项目团队提供观点和建议）或IDEO"深潜"（一种设计思维工作坊）[17,18]，他们管理着一堆的"聪明人"[19]——那些无视组织规则并难以忍受无趣，但却十分宝贵的专业人才[20]。

尽管这些工具中只有少数几个（如智囊团）是专门为数字世界设计的，但大多数工具所提供的见解仍有价值或是可被酌情采用。而如果不使用它们，则会使交付创意成果变得困难。

但一个完整的工具套装仅由它们组成是不够的。创造性不再局限于少数领域，因此，领导者必须让许多以前的"普通人"参与进来，而这些以前的"普通人"已经在数字技术的帮助下变成了"聪明人"。这意味着，促进型领导者必须寻求大量的助力。

一些创造性工作与领导力密不可分的职业——例如行政主厨、著名交响乐团指挥家和芭蕾舞团的艺术总监——可以提供深入见解。这些指挥型领导者为麾下的专业人员提供具有创造性的愿景[21]和非常精确地执行指令，同时，这些专业的下属——像副厨师长、厨师、乐队音乐家、舞蹈家和其他人员——也必然具备很强的能力，如此才会被选中，因此他们必须完美地执行这些指令[22,23]，否则即便是微小的失误也会导致问题[24]。

21世纪初，大城市的几所商学院开始与当地交响乐团合作，由后者向前者提供"指挥领导力"课程。其中，最早获得广泛宣传的案例之一是用莫里斯·拉威尔（Maurice Ravel）的杰作《波莱罗舞曲》来说明管弦乐队指挥家的作用。在课程中，高管们聆听乐队大师们关于清晰的愿景、明确的角色和责任、可见性对提供指引的重要性的分享，并接受指导和反馈。[25]一些交响乐团现在仍在提供这样的课程。

但被他们遗漏的内容，如果不是更重要的话，至少也同样重要。第 6 章建议你发展"宽展翼，而非长尾"的能力。指挥型领导者需要"了解广泛的知识并能精通许多专业"。他们要对多个领域都具有比较深刻的理解，同时能领导在某些领域专业性更强的高技能人才，就如同管弦乐队指挥家所需具备的音乐知识和技能那样。

虽然指挥家不需要懂得演奏乐团中的每一种乐器，但他们必须擅长至少一种乐器，更理想一点的话，最好是擅长好几种乐器。他们必须了解每种乐器的性能以及演奏这些乐器的音乐家所面临的具体挑战。此外，指挥家自己也必须是经验丰富的合奏者，这样他们才能切身了解音乐家们在独奏和合奏时会采取的方式。

早在乐团进行排练之前（更不用说正式演出了），指挥家们就得花上无数个小时来掌握多达 100 到 600 页的乐谱，并在脑海中再现乐谱演奏的效果。这种行为有点类似于人们在阅读心爱的电子邮件时在脑海中"听到"的声音。不同之处在于，指挥家不仅要让每件乐器单独"发出声音"，还要让所有乐器能在一起"合奏"。

同时，指挥家不仅要呈现乐谱上的内容，还要通过音乐表达情感。要做到这一点，他们不仅要掌握错综复杂的音乐理论，还要了解每位作曲家的创作背景，以及历代指挥家对每个作曲家所创作音乐的不同诠释。

在排练和演出过程中，指挥家必须能够区分不同的音流（如铜管或木管），这样他们才能捕捉错误、平衡不同乐器的音量并对齐节拍。他们也必须在某位著名独唱家或歌剧演员失误时，迅速纠正整个乐团的演奏方向，而所有这些调整都要在高压的环境下进行。

因此，指挥家的工作并不仅仅是挥舞指挥棒。在指挥每一部交响乐或歌剧时，指挥家都需要对这些知识进行再现。事实上，随着时间的推移，这种工作会改变指挥家的大脑结构。[26] 专家级的指挥家会发展出比同等级别的钢琴家更强的与音乐有关的长期记忆和分心能力。[27] 以上所总结的知识和技能对于指挥家们能毫不费力地提供清晰的愿景、明确的角色和责任、对可见性的指导，乃至提供辅导和反馈起到了至关重要的作用。

但这种知识的广度和深度对于成功的现代企业管理来说是一个非常高的标准。现代企业管理与管弦乐队和餐馆不同，包含了非常多样化的活动。想想看，在汽车行业中，一个指挥型领导者必须掌握多少独立的知识体系？此外，在数字技术和遗传学等对企业管理来说非常重要的领域，其知识有很高的淘汰率。相比之下，古典音乐领域的知识在几个世纪里基本上是静态的。只有杰出的个体才能使用的领导风格是无法被推广的。

另外，如果换了指挥家，哪怕是演奏同一个音乐家的同一段乐曲，听起来也不一样。[28] 因此，指挥型领导只是让被领导者的视野和创造力得到了充分的发挥。而只有当组织和领导者的身份不可分割时，这种领导方式才有意义，可即使是史蒂夫·乔布斯的苹果公司也做不到这一点。当分布式工作创建和组合不相关的知识产权时，这种领导方式是没有意义的。

最后，指挥型领导本质上是专制的，它会让人联想到科学管理时代的强制性工作场所。[29, 30] 与在其他工作场所工作的人比起来，在这类场所工作的人可能更常处于不安全的心理环境中。单凭这一点，指挥型领导就可以被看作一个糟糕的模式，也许比体贴周到的促进型领导模式还要糟糕。

那么，促进型领导和指挥型领导能否结合起来，成为更好的模式呢？实际上，电影导演就是这样做的。他们在关键领域扮演着整合型领导者的角色，但同时他们必须允许编剧、演员、声音设计师和其他人发挥自己的创造性。[31] 因为，如果这些名义上的次要角色不进行合作和贡献，电影将会受到影响。因此，整合型领导者必须是一个进行多方平衡的人，尽管每个角色身份之间的差距很大，他们需要进行谈判和合作、对抗和妥协。[32] 马内梅利斯、卡克和埃皮托帕基在其研究中补充写道：

> 整合型领导者必须比指挥型领导者更具有促进性，比促进型领导者更具有指挥性。但这并不意味着……整合型领导是一种附加功能……整合型领导不能（像促进型领导那样）不提出具有创造性的想法，也不能（像指挥型领导那样）严格要求下属按照他们的设想工作。整合型领导者除了与团队成员分享创造性工作的"作者"身份外，别无选择，而这一点是指挥型领导者和促进型领导者都无法做到的。[33]

整合型领导解决了他人缺乏创造性贡献的问题，这种权力的转移使工作环境不再那么具有胁迫性，再加上团队中的每个成员都做出了有价值的贡献，因此领导团队的权力动力就从整合型领导者那里转移出来了。

但是对知识的深度和广度的巨大挑战仍然存在。我在访问世界上最出色的特效及计算机生成图像制造商之一——新西兰的维塔工作室（the Weta Workshop）时了解到这一点。维塔为许多电影做出了贡献，包括《指环王》三部曲。除了收获商业和评论上的成功，三部曲还一共囊括了17项奥斯卡奖，包括彼得·杰克逊（Peter Jackson）的最佳导演奖和颁给维塔的4项奥斯卡奖。

我问一位资深设计师："当彼得·杰克逊提出了一个需求，而你的专业知识告诉你这不是一个好主意时，会发生什么？"他详细地描述了他们之间的对话，并总结：顶级导演就像管弦乐队的指挥家一样，他们对这个领域有着足够的了解，知道达成这一目标所需要的努力、知识和解决方案。

在创意艺术领域，离导演最近的是制片人。但马内梅利斯、卡克和埃皮托帕基的研究只是顺带提了一下他们，现有研究也很少关注他们。因此，教授们把他们和其他的整合型领导者混为一谈。但在现实中，他们才是数字时代创造力领导者的完美原型。

为创造力而生的培养型领导者

表演艺术中的制片人[34]定义了某件事为什么值得创作，同时形成整体的创造性工作，雇用并召集所有的人才（包括导演），根据需要把他们关联起来，并确保他们有效地合作。他们能够有效地激发团队合作，使人才的创造力得到发挥——或者得不到发挥。此外，制片人必须了解自己所应掌握的技能，但与导演不同的是，他们不需要成为事事精通的专家。他们只需要判断谁在哪个领域是优秀的，以及如何让优秀的人在一起工作。

与大部分领域都不同，近几十年来，拍电影所需的知识广度和制作成本都在急剧上升。因此，电影行业开始实践基于行业特性的分布式领导方式。如今，与过去的电影制作不同，一部电影拥有多位制片人。

培养型领导者具备为中间地带提供有效引导的能力。他们拥有如指挥型领导者一般的广博知识,但不一定深入掌握了多种专业技能;他们也能如同指挥型领导者一般,提供创造性愿景并协调方向和进程,但他们并不会采取指挥控制型领导方式,而是召集合适的人来形成深度合作,并减少破坏性冲突发生的可能性;他们也会有效地使用庞大的促进型领导力的相关工具,以及实验和开发自己的工具。

艾德·卡姆尔(Ed Catmull)就是一个很好的培养型领导者的代表。卡姆尔是皮克斯的联合创始人,并从皮克斯和华特迪士尼工作室总经理的位置上退休。他曾作为皮克斯第一部大作《玩具总动员》的制作人之一,赢得奥斯卡奖。

卡姆尔一直对图形艺术和动画感兴趣,但当他意识到自己缺少成为顶级艺术家的天赋后,他在大学里转向了攻读物理学。而当他再次意识到物理学学士学位只能让他习得该领域的基础知识后,他选择了计算机科学作为第二专业。在被波音公司解雇后,他在犹他大学攻读了计算机科学博士学位。博士课程提供了"一个鼓励人们创造的安全环境"和"一个鼓励人们试错的安全场所"。对他来说,这些课程教会了他"正确的思考方式",而课程中的其他经历让他找到了"一个新的人生目标——制作一部动画片",而他通过《玩具总动员》实现了这个梦想。[35]

在其职业生涯中,他一直与学术界保持联系,发表自己的作品,并鼓励他的员工也这样做。这也有助于他与杰出的专业人士保持联系。早期,当他在一所大学管理一个研究实验室时,他发现了一个潜在雇员艾维·史密斯（Alvy Smith）。用他的话说，他认为史密斯"比我更有资格胜任我的工作"。因此，他"克制了自尊心"并为史密斯提供了一份实验室中的关键工作，后来史密斯成了他的密友并与他共同创立了皮克斯。[36]

20世纪70年代末，在第一部《星球大战》电影上映后不久，乔治·卢卡斯（George Lucas）雇用了卡姆尔。当时电脑动画正处于起步阶段，卢卡斯正计划大展宏图。他也面试了卡姆尔（卡姆尔于1972年在犹他大学一次课堂项目中完成的人手主题的电脑动画，是该领域最早的成就之一）。卡姆尔得到了这份工作是因为他诚实地回答了一个不可能的问题："我们还应该跟谁谈？"当其他候选人"做了显而易见的事情"即"没有提供任何名字"时，他"深吸了一口气"然后说出了卢卡斯已经识别到的所有候选人的名字。[37]

因此，培养型领导者能够：

提供促进型领导者使用的大量工具或创造新的工具；

像指挥型领导者一样，提供类似于战略意图的"创造性愿景"；

具备指挥型领导者的广博知识背景，但不一定深入掌握多种专业技能；

将团队成员整合到一起并促成深度合作。

此外，如下文所述，培养型领导者还能够：

站在那些不在决策桌上的人的角度看待问题；

改变他人的想法；

创造人们寻求和给予帮助的条件。

深度专业化对于培养型领导者来说是一种可有可无的能力。卡姆尔在计算机科学方面的长尾专业性对皮克斯的直接贡献是有限的。

相反,他一生中积累的对科学和艺术的广泛兴趣,以及他在多个领域培养出来的庞大优秀人才网络才是关键。他与众多陌生知识领域间所保持的联系与学习态度也很重要。

表8-1呈现了培养型领导与上述三种领导力模式的不同之处。

表8-1 培养型领导者与其他类型领导者在引领创造力方面的对比

维度		促进型领导者	指挥型领导者	整合型领导者	培养型领导者
投入	领导者知识的深度	不存在/低	高	高	中等/低(但是能够根据需要快速学习)
	领导者知识的广度	不存在/低	高	高	高
提供指导意见	谁的创造性远景更重要	视情况而定	领导者	共享,在相对平等中领导者优先	共享,在绝对平等中领导者优先
	领导者分布	集中化,权力中心间保持松散联系	高度集中化	中等程度的集中化	分布式,但各方就战略意图保持一致
	领导者态度	"必须完成它"	"我能独立完成它,你们是可被替代的"	"让我们共同完成它"	"如果没有你,我们就不能出色地完成它"
创造产出	领导者的创造力	没有/低	高	高	高
	团队的创造力	高	低,视领导者需要而定	高	高

续表

维度		促进型领导者	指挥型领导者	整合型领导者	培养型领导者
创造性工作的条件	具备同理心	未说明	无/受限	有要求	必要的
	具备合作条件	视情况而定	无	高/密集的,一般是双向的	密集的,多途径的
	具备处理VUCA情形的能力	低/中等	高/中等	高/中等	高/中等
	领导者的调解能力	高	低	高	非常高
成果与风险	成果的所有权	视情况而定	全权	高/共享	高/共享
	关键风险	过程扼杀创造力	心理安全	合作程度低/心理安全	合作程度低
	风险/后果的归属	低	全权	高/共享	高/共享

培养在数字化、VUCA 世界中引领创造力的能力

迟早有一天,你会用到由皮克斯创造的促进型领导工具——智囊团。到那时,请记住关于卡姆尔雇用史密斯和他自己被乔治·卢卡斯雇用时的案例,它们说明了卡姆尔是如何坚定地履行了两个智囊团的核心原则:"放下自尊心"和"同伴间彼此给予反馈"。[38] 如果你不这样做,这个强大的工具不仅无法激发创造力,反而会退化成一个"阶段-关卡流程"[39](stage-gate process)。阶段-关卡流程是一种管理性审核,负责做出"继续还是终止"的决定;而在智囊团中,"由电影导演和他或她的团队来决定如何处理这些建议"[40]。但这条分界线非常地细,很容易被破坏,在皮克斯自己的技术领域也是如此。

同时,以上内容也再次印证了第 5 章的一个观点:"只有当你真正关心什么是正确的事情时,你才可能坚持做正确的事。毕竟,没

有一套规则可以帮助这位程序员做好领导一个包括优秀女性在内的团队的准备。"换句话说，思维模式很重要，这就是为什么每一章都会先强调思维模式。那么，应具备什么样的思维模式才能使你成为引领创造力的领导者呢？

第一，**确保你（能）共情**。几年前，我们改造了一次房子。我们很清楚自己想要什么样的厨房，但我们请的那位非常有造诣的建筑师坚持采用传统的样式。我们挑战她的观点："你平时做饭吗？我们家做！所以你为什么不听我们的呢？"这之后，她才不情愿地让步。对她来说，我们的生活经验没有任何价值。几周后，我们又拒绝了一款顶级的炉灶，因为把沉重的锅搬上搬下会损坏它的控制器。我们告诉那个持怀疑态度的销售，那些不懂得做饭的工程师所设计出来的这个产品，是供那些使用设计师厨房的人购买的，他们不是为了做饭，而是为了炫耀财富。

我们的建筑师和那些工程师不需要成为出色的厨师，但他们必须能与做饭的人共情：站在厨师的角度看世界，体会烹饪的乐趣和处理来自一大锅沸水的挑战。**如果没有同理心，他们就无法习得生活中的知识，也就无法创造出伟大的作品。**

皮克斯的关于突破的故事，实际上是关于同理心的故事。《玩具总动员 2》的创意团队在发布电影前 8 个月的时候，还没有想出应该如何让一个困境变得合乎情理：玩具牛仔伍迪正左右为难，不知道自己该选择留在爱他的男孩身边，还是应该选择与玩具女牛仔杰西一起离开。卡姆尔改变了创作团队的领导力，因为所面临的挑战是让观众相信伍迪可能会做出不同的选择。（新的团队）解决了这个问题，通过添加几个元素使得观众可以与玩具可能面临的恐惧产生共情……观众们通过聆听……感人的歌曲……了解到杰西曾是一个小女孩心爱的玩具,但那个女孩长大后却抛弃了她。现实是孩子们确实会长大,生活也会发生改变,而有时候你必须继续前进。由于观众们清楚地知道这个事实,他们将明白伍迪确实面临着真正的选择,这将成为吸引他们的地方。[41]

设计也要求具备同理心,尽管它简单地将其描述为与专家共同进行"实地研究"。在尝试制订解决方案之前,实践者们必须设身处地地感受问题。如果你已经了解了设计思维的核心步骤,但却不能很好地应用它,或许问题就出在同理心上。

然而,天才却并不一定需要同理心。如果你是一名天才,你只需要做好指挥型领导者就行。但如果你不是,并且你需要别人为创造性工作做出贡献的话,那么你必须具备同理心。

如今医学界发现,科学和技术训练会削弱共情能力。研究表明,接受医学教育超过两年后,一直到毕业,医学生的共情能力会持续减弱。[42] 而当医生缺乏同理心时,病人会感到不满意,从而对病人的健康产生不利影响。[43]

因此,医学院正在对教学课程进行调整,通过讲故事和模拟的方式提供共情训练。具有讽刺意味的是,数字技术也对此有所帮助。VR 技术(虚拟现实技术)可以为一位 26 岁的四年级医学女生再现一位 74 岁患有黄斑变性和听力损失的男性病患的真实感受。一团黑块会遮蔽她的视线,模糊不清的声音会为她提供提示,让她了解到拥有这些具有挑战性的健康状况时的感受。[44] 训练使得学生们获得的共情分数开始上升。

如果仅仅接受两年多分析性的、数据驱动的、科学的且数字化程度越来越高的医学训练就会降低同理心,那么没有人可以幸免。正如重新设计厨房的例子一样,当人们摆出专业面孔时,彼此间将停止共情。作为我们与现实世界之间的桥梁,数字技术正在使问题恶化:它们使人与人之间的距离变得越来越远,同时人们能获得的直接体验也变少了。

增强同理心,对于领导者是否能将不在现场的人的意见带到决策桌上来说,至关重要。如果有必要,请更新你的技能,可以学习必要的知识,建模(观察和模仿有同理心的人),练习并接受反馈;如果你已经具备同理心,请继续做好榜样,并向团队提供反馈。

第二,停止追求统一性,并时常反省自己的观念。在20世纪50年代中期,心理学家所罗门·阿希(Solomon Asch)进行了社会从众心理实验。他派遣助手向实验组中的测试对象施压。在一次实验中,助手们故意坚持错误的观点,认为两条线的长度不同。有许多测试者在压力下压制了疑虑并同意了助手的观点。[45]然而,在单独询问时,测试对象都给出了正确答案。不过,即使在受到压力的情况下,他们中的绝大多数至少有一次给出过正确答案。因此,真正的教训是:看到在适当的环境中,人们能抵制住顺从的压力。

过去对流程和生产力的盲目崇拜,已经将追求统一性刻入了员工和企业的DNA中。这种批评并不意味着药品不应该在无菌条件下生产,也不意味着汽车不应该按照六西格玛质量标准制造。这意味着,统一性更适用于解决这类合理需求,而不应再去其他地方追求它。

你可以帮助你的员工改变。不要盲目地遵循标准做法,而是去问他们:"我们可以做什么?"加上詹姆斯·瑞安(James Ryan)的经典问题："我想知道为什么"和"我想知道是否……"[46] 开始在一些没那么重要的事情上练习这些问题，以便以后能把它们应用到重要的事情上。

此外，对改变自己的想法与行为保持开放的态度。如果你不愿意这样做的话，那么那些有创造力的人为什么要相信你呢？可以经常问自己三个简单的用于自省的问题：我必须重新思考哪些信念？我必须忘记哪些曾使我成功的习惯？我必须（获得）/重新学习哪些（新）技能？坚持重新思考、忘却、重新学习的过程。

第三，**训练自己去抵制过早下结论的诱惑**。如果一位领导者过早地表达明确的意见和偏好，就如同在暗示其他人的想法不被欢迎。这是与有能力的人打交道时的大忌。他们会离开你，而你身边将只剩下马屁精，这会使你陷入群体思维。因此，要学会控制你的发言，你可以练习如何通过提出简单的问题来鼓励他人发言："对于这个问题，我们还有什么不知道的吗？""来自 X 公司（或其他行业及国家）的人是如何看待这个问题的？"

为组织创造力创造条件

为了引领人们发挥创造力，你需要具有包容性，将不同的生活经验（第 5 章）和不同的专业知识（第 6 章）引进来。同时，通过确立战略意图（第 6 章），为团队提供创造性的愿景。此外，你还须得促进合作（第 7 章）。而下一个关键问题是：你怎样才能创造出促进创造力的条件？

第一，**重新定义你的角色，连接和鼓励他人**。安德鲁·哈格顿（Andrew Hargaden）和贝丝·贝希奇（Beth Bechky）对 6 家从事创造性工作的领先企业展开了研究[47]，并总结出了组织具有创造力的四个必要条件：（1）人们能够寻求帮助；（2）人们愿意给予帮助；（3）他们能够共同反思并重塑挑战；（4）不断强化之前三个步骤，使它们经常且很容易发生。这些条件会激发大量的能促进创造性观点进一步形成的讨论。但讽刺的是，那些本应渴望创造力的高管却往往认为第一个条件，即寻求帮助，是一个弱点。

为了使你的员工能够从容地寻求他人的帮助，或是帮助他人，你需要从自身做起：成为一个好榜样。卡姆尔也谈到过这一点的重要性。[48]

一旦人们能够克服尴尬，去展示正在进行中的工作时，他们就会变得更有创造力……

我们正努力使批评的环境变得更安全，我们邀请每个参加展示的员工通过电子邮件向他们的创意领导者发送说明，详细介绍他们喜欢什么和不喜欢什么，并解释原因……

对我们来说，更大的挑战在于如何让年轻雇员能有信心把话说出口。因此，为了改善这个现状，我在新员工的迎新会上设置了发言环节，讨论我们所犯的错误和所得到的教训。我的意图在于让他们认识到，我们也还没有完全弄明白一些事情，因此，每个人都可以质疑我们为什么要做一些似乎对他们来说没有意义的事情。

另外，如果连你都不愿实践并鼓励寻求帮助，还如何期望其他人寻求或给予帮助呢？你是否已经从你的习惯用语中删除了"不要带着问题来找我，要带着解决方案来找我"呢？如果还没有，你依然在拒绝那些需要你帮助的人。你需要对那些在前数字时代非常有效的常规做法进行反思。所谓的"我的办公室的门将永远为你们敞开的政策"或许能表明你是一位愿意提供帮助的领导者，但对于处在另一个半球的员工来说，这毫无用处。因为他们工作时你正在睡觉。那么，你将如何应对这一现实呢？

团队会议上的许多常见问题——比如，"一切都正常吗？你大概什么时候能完成？"——都暗示着一个强烈的信号："这是你的责任！"你不应该在公开场合抛出这样的问题，而是应该做好人才网络分析，并主动指出谁可以帮助到谁。当人们无须你的介入就主动在网上或当面寻求或给予帮助时，表示你已经成功做到了这一点。

反思和重塑，是一种自发的、偶然出现的团体行为。它是指经过深思熟虑后，将简单的寻求帮助的问题替换成更好的问题，以推动寻找答案的过程朝着更有成效的方向发展。例如，在一家领先的咨询公司——设计策略公司（Design Continuum），某位员工将之前静脉输液袋的项目记忆，变成了锐步（Reebok）充气鞋气囊的灵感来源。[49] 在一家酸奶的主要制造商那里，"我们能不能增加35%的销售额"被转变为"我们怎样才能使吃酸奶变得有趣"。随之而来的是对单次食用包装的重新设计，以提高它们的视觉吸引力，使其更容易吸引消费，并增强了可持续性。这些都带来了预期的销售增长。

虽然光说"让我们一起来反思和重塑吧"这样的话并不奏效，但你还可以创造鼓励这样做的条件，施展出计划外的魔法，可以从拥有不同专业技能、生活经验和知识的团队成员开始。因为每个人都可能经历过一些事情或者知道一些事情、记得一些事情，甚至会问一些奇怪的问题，而这些最终都会被证实与团队现在所面临的问题相关。

要创造条件，使得人们更容易做出贡献，使得"个人的私人知识成为许多人共同拥有的公共知识"[50]。要达到这一目标，我们可以从即兴喜剧中吸取经验：任何人的评论都不能以"但是"开始，它必须建立在之前的想法上，并以"和"为开头。再加上我在前面介绍的其他开放式问题：以"我们能不能……""我想知道为什么……""我想知道是否……"来开头，并且禁止这八个可怕的字出现："我们试过，但没成功。"当目标改变时，条件以及环境也会随之改变，可用资源也会发生改变，这意味着以前不奏效的方法将可能很好地发挥作用。

在数字时代，距离是一个关键的挑战。因为那些远在天边的人可能有着非常不同的经验，因此你也需要把他们囊括到反思和重塑的对象中。一项关于虚拟团队中的设计和创新研究涉及了多个行业中的 70 个团队，共计 400 多人。[51] 研究发现，除非团队的交流处于普遍心理安全的氛围中，否则地理上的分散、数字化的交流、分散团队中的人员变化以及国家多样性（包括身份和行为的多样性）都会减少创新。因此，你需要关注在这种情况下应采取哪些举措来提高团队的心理安全感。

第二，思考你是否需要**改变你的验证来源**。因为如果你不经常更新它们，就意味着你没有展开对答案的广泛追寻，这会潜移默化地阻碍创造力。这种现象普遍存在，比如这两种常见情况：第一种，你是否经常问"我们的竞争对手在做什么"[52]？除非你关注的是特定领域的顶级表现，否则这个问题本质上是一种对标，只会让你去模仿竞争对手；第二种，你是否经常向拥有丰富行业实践经验的咨询公司寻求建议？你可能会因此而省钱，因为他们已经了解你的业务并且"不需要花你的钱来学习"，但你会因失去企业的独特性而损失更多。

第三，**为创造力提供空间和时间**。创造性工作需要集中的时间，除非你是一名管弦乐队指挥家，否则多线程工作和分散注意力都会阻碍创造力。同时，创造性的工作还可能需要物理距离——让人们去静修，或者建立心理上的距离——暂时放弃努力，让创意能在人们的头脑中酝酿和凝结。[53] 如果说受到限制的资源和时间能推动创造力的出现[54]，这里指的是有必要的限制[55]，那么不必要的限制将会扼杀它。

你需要将这些建议与寻求帮助和给予帮助联系起来。要知道，除非被赋予足够的空间和时间，否则人们怎么可能自发地给予帮助呢？实际上，在全世界范围内，企业对员工的限制都超出了合理范围。2013年的一项调研显示，美国高管和专业人士每周工作时间长达惊人的72小时，大多可归咎于"无用的会议和电子邮件、技术故障、混乱或无能的高管团队，以及不清晰的决策权"[56]。

你需要认真审视一下为员工创造的条件。领导者们强迫员工进入工作隔间或是坐在公用桌子上办公，领导者们也不断通过电子媒介打扰员工，领导者们还要求员工提交进度报告，只是因为觉得需要控制员工。对领导者们无穷无尽的清单，相信你也心中有数。

你需要解决你能解决的问题，并解释你无法解决其余问题的原因。记住程序性正义的教训（第5章）：通情达理的人们会接受他们并不认同的结果，只要他们觉得自己的意见得到了考虑，并认为整个决策过程是公平的。还要记住，这并非"一劳永逸"的做法，因为你也许能在未来改变你现在所无法改变的状况。

第四，重新审视你雇用员工的过程。一般来说，雇用那些如同你的克隆人般的员工对创造力来说是无益的。然而，高管们仍时常回到自己的母校去招聘下一代的经理和专业人士。他们说服自己，这些学校一定很了不起，因为他们自己就读于这些学校。也许这些学校确实很出色，但不同的教育理念才能教会人们解决问题的不同方法。

简·马戈利斯对美国女性为何不再选择计算机科学专业的研究揭示了另一个广泛适用的真理：才能和兴趣比知识更重要。[57] 当大学将有编程经验的学生和没有编程经验的学生分开教学时，后者将获得编程经验。因为许多有才能的学生很快就能克服缺乏经验的问题，并快速成长。[58] 解决这一原本针对女性的问题，也同时帮助了那些之前没有机会学习编程的男性。

同样，虽然企业需要具备足够知识的候选人来填补空缺的职位，但高管们往往做得太过了。想想你上一次写的招聘启事。你写了多少个"必须做过"和"必须知道"的要求？你为什么这样做呢？你可以考虑用这个标准来衡量你的答案：在一年内，工作要求是否会发生变化？当时的新手雇员是如何快速上手的？如果那些真的是你认为无法让步的要求，那么你可以继续写上；否则，你需要反思一下你的动机。

防止过度规范化是很重要的。因为那些缺乏知识经验但能够快速学习的人更有可能提出"我想知道为什么"和"我想知道是否……"这样的问题，而提出这些问题的人比那些不加批判地接受公认智慧的人更容易被激发出创造力。历史上最有创造力的人之

———阿尔伯特·爱因斯坦（Albert Einstein）曾写道："想象力比知识更重要，因为知识是有限的，而想象力概括着世界上的一切，推动着进步，并且是知识进化的源泉。"[59]

第五，如果有必要，**推翻过去的绩效评估机制**。全球调研曾询问高管们：企业中传统的绩效衡量标准是否与由脑力驱动工作不太相关？在全球范围内，有57%的人回答"非常同意/同意"。然而，当被问及他们自己公司的绩效衡量标准是否包含了脑力工作维度的时候，同样的比例（56%）反馈他们的确是这么做的。

实际上，这两个数据掩盖了明显的地区差异。在印度和中国：分别有62%和48%的人"非常同意/同意"，认为绩效机制普遍存在不足，另外分别有9%和27%的人表示"有点同意"；但相比之下，分别有80%和75%的人对自己的机制没有任何担忧。欧洲大陆则继续保持怀疑：有57%的人对"认为绩效机制普遍存在缺陷"表示"非常同意/同意"，18%的人表示"有点同意"；只有26%的人认可了自己的机制，而另外25%的人"有点同意"机制能有效地运作。这种差距也存在于其他地方，尽管它们之间差距更小一些。

除了欧洲人之外，所有其他国家的人都为自己的企业开脱，这很难与受访者对问题的认知相吻合。分布式的脑力劳动需要联系和灵感[60]、员工发展、快速变化和团队合作等元素[61]，而传统的评估机制只追踪和奖励生产。事实上，从几年前开始，许多美国企业已试图着手解决这个问题。[62]但通过（对英文出版物）广泛搜索，我并未发现其他地方有类似的改革活动。因此，这显然是一个还没有建立基本共识的问题（对创造力进行绩效评估）。

即使在那些已经做出改变的美国企业中，新的绩效机制也不一定表现得更好。它们侧重于将薪酬决策与"每周跟经理复盘以保持业绩"和"每季度或每个项目的业绩快报"分开。因此，它们并没有解决核心问题："绩效评估"不会带来"联系与灵感"[63]，无论它是每年、每月、每周还是每天，无论是否与薪酬讨论或其他方式一起进行。为"保持业绩"而进行的评估仍然是以生产力为重点的。虽然它们可能是必要的，但不会帮助你引领创造力。[64]

这里有一个简单的、不带有其他含义的测试，可以被用于检验你的绩效评估机制的质量：**它能阻止这位亚洲企业家辞职吗？**

绩效评估机制是一个有必要的，甚至是法规要求的角色。除非你是人力资源总监／首席人力资源官，否则你可能无法改变你公司的对应机制。此外，之前关于企业领导人需要创造力，但不一定需要投资创造力的讨论表明，你必须要有勇气：在不做任何违法或不道德的事情的情况下，推翻过去的绩效评估机制。

不管你的组织的标准做法如何，建议你通过问以下问题来设定下属的目标：这个目标是否会奖励寻求帮助和给予帮助的行为？它是否会推动在困难情况下的合作？它是否有助于创造一个心理上安全的环境？它是否会奖励那些拥有理解力和洞察力的失败探索？它是否会鼓励探索新的工作方式或识别潜在需求？此外，为需要合作的人设置交换目标。[65] 例如，给销售主管设置一个运营目标，给运营主管设置一个销售目标。如果其中一方失败，那么双方都不能算是成功。这样他们才会有动力与对方商议。与其设置狭隘的、具体的目标，不如设置需要重新思考为什么以及如何完成的那些工作目标。让我们对这种创造性的结合拭目以待。

正如第 5 章，Salesforce 首席执行官马克·贝尼奥夫所说："现在是 2015 年，企业的职责是改善世界。"[66]因此，高管们不仅要将创造力应用到关键的业务问题上，还要解决人类面临的主要挑战。这些努力将与数字技术的使用密不可分地联系在一起。这一简单而明显的事实使它们变得更具挑战性。如接下来的两章所阐述的，企业必须大幅提高其在数字时代的表现。要做到这一点，它需要为创造力提供"指南"。

LEADING IN THE DIGITAL WORLD

第三部分

创造性工作指南

对机器进行测试只是为了给你带来满足感,而本来没有任何测试。如果机器带给你宁静,那就是对的。如果它打扰了你,那就是错的。直到机器或你的思想被改变。

——罗伯特·M. 波西格(Robert M. Pirsig),《禅与摩托车维修艺术》

第 9 章 │ 划定不可逾越的界线

2018 年秋天，我制作了一页报告，关于 21 世纪与技术相关的企业危机。在制作过程中，我试图尽量将问题简化，并将研究对象限制在最大经济体中。因此，我仅选择了大衰退时期的"无法被忽视"的四家银行，并在层出不穷的数据泄露事件中选择了影响最大的那一个。除此之外，我把同一家企业几乎同一时期发生的各类危机归纳在了一起，并略过了那些不被当地高管认可的企业。

即便如此，我还是轻易地列出了 25 家位于全球各地的企业。一部分是全国闻名的，一部分区域性的，它们大多数是全球蓝筹股的代表。说到这，我在报告里加上了"还有很多，甚至更多"几个字。我并没有夸大其词。一份 2017 年的首席执行官调研报告揭露了：有 15% 的人在前 3 年曾经历过危机，还有 30% 的人预计在未来 3 年会有"不止一场危机"出现。[1] 在数字时代早期，由一连串无休止的企业危机组成的元危机正在全球范围内发生。

纵观这些危机，我们将逐渐清晰地了解到，大多数危机其实都是自找的：领导者本可以阻止危机的发生，或者至少不让它从一个问题扩大成一个危机。但为什么顶级公司也饱受其扰？为什么高管们没有预见到他们的决定可能带来的负面结果，甚至反而在积极地创造这些负面结果？

这些正在付出或已经付出了他们的整个职业生涯来寻求权力、财富和声望的高管们，将难以独善其身。在部署用强大先进技术来追求无法实现的目标，同时制造了煽动或加剧那些问题行为方面，他们难辞其咎。

除此之外，这些高管可以被分为两种类型。第一类是那些不理解高度透明化（原则6）所产生的巨大力量的人，他们始终对"数据泄露"这一高概率事件毫无准备，甚至有些人试图利用原则6，将企业的命运与之直接挂钩。

第二类人群会更加庞大，这类群体的成员不仅对社会秩序不屑一顾，甚至还滥用一个或多个原则。（而讽刺的是，高度透明化通常会使他们的越界行为暴露出来。）他们在分配工作时不允许关键信息的流动；他们依赖虚无的、空想的、各自的努力，而没有创造以合作与注重学习为中心的文化；他们把决策隐藏在日常工作中，而不开展必要的审查；他们不对他人进行决策授权分配；他们要求员工提高工作技能却不提供必要的培训；他们提出突发需求却不提供必要的保障措施。

马克·扎克伯格（Mark Zuckerberg）和雪莉·桑德伯格（Sheryl Sandberg）作为Facebook的领导者，是典型的第一类人。他们对高度透明化的力量的忽视，导致了他们没能阻止数据泄露。

根据官方报道，Facebook的一连串数据泄露事件始于2018年3

月中旬，当时《纽约时报》[2]和《卫报》[3]同时报道了一起具有地缘政治影响的数据丑闻：Facebook 向外界提供了非常不合理的权限，使其得以获取 7800 万美国人的数据。

但实际上，这一连串数据泄露事件应该始于 Facebook 创始人首次寻求风险投资的时候。在数字时代的早期，风险投资家就提倡一种能让投资者迅速致富的商业模式：2001 年的数据显示，退出投资的时间中位数仅为两年[4]（现在已经超过四年了[5]）。他们一般会向创业者提出三个问题："你能吸引多少流量？""你能吸引的最大流量是多少？""你能多快地增加你的流量？"向广告主出售流量可以轻松带来收入。仅仅是对轻松赚钱的预期就能释放公司的估值，这使早期投资者能够借此疯狂揽财。

从企业家们接纳这种商业模式的逻辑的那一刻起，他们别无选择，只能通过损害他们的用户和更广泛的社会利益来追求他们的目标。无论他们是否意识到这一点，实际上他们已经同意了公开其用户的私人信息。而这样做必然会导致危机，唯一真正的未知数是"什么时候"危机将会爆发。

Facebook 需要让用户对使用屏幕上瘾[6]，这样人们才能看到更多广告。所以它不得不削弱隐私政策，并使隐私权限难以被更改，而这会导致用户无法保护自己的数据[7]。出售这些数据的访问权限[8,9]，会严重损害个人权利[10]，甚至造成数据泄露。但是上述每一项决定，Facebook 都做过很多次。

Facebook 拥有一项专利，它将个人获得信贷的机会与个人网络的社会评级联系起来。[11]思考一下这对任何被边缘化的群体意味着什么。而另外，它并没有利用其技术优势来识别和删除私刑、欺凌或"报复性色情"这些具有明显恶意的信息。只要不超过底线，都可以用合法的遮羞布来掩盖这些行为（"我们只是一个平台，并不是媒体"[12]）。这一立场使它能够撇清对所发布内容的责任，并可以宣称，无论是对政府监管还是对诋毁、诽谤诉讼，它都享有豁免权。[13, 14] 但这也使得它无法通过使用人工智能来对抗大规模的虚假信息。一篇报道含蓄地描述了 Facebook 对这一领域所进行的姗姗来迟的补救，并说道："为了适应自有的商业模式，Facebook 做出了妥协。"[15]

随着时间的推移，像 Facebook 这类企业的领导者把这种危机当作了生意的成本。但其实不然，这些都是不思进取的领导力所带来的不可避免的结果。不出所料，当蒂姆·库克（Tim Cook）说，苹果公司不会将其客户"货币化"，因为他坚信隐私是一项"基本人权"[16]时，扎克伯格表现得十分恼怒。[17]

2019 年 3 月 30 日，在我校对本书倒数第二稿时，马克·扎克伯格发表了一篇专栏文章，在文中他承认需要更多的监管。[18] 不论他是真的坚持这样想[19]，还是像批评者说的，只是为了自己的商业帝国做做样子，这一提议能否有效，很大程度上都取决于他是否愿意对 Facebook 的商业模式做出改变。[20]

Facebook 只是一个有据可查的、被广泛报道的例子。在许多未被重视的案例中，真正的问题是：所有传播其商业模式的公司，也会同时传播其价值观。除非它们敢于直面高度透明化的阴暗面，否则在不久的将来，它们的故事可能会取代 Facebook 成为头条新闻。

第二类过度使用数字技术的高层管理人员，包括罗伯特·默多克（Rupert Murdoch），其现已停刊的英国小报《世界新闻报》(*News of the*

World）的编辑们被授权入侵了一名被绑架的青少年的智能手机。[21] 这导致几个星期以来，警方一直在保守地开展行动，因为技术让他们相信那位实际上已经被谋杀的孩子依然还活着。在费迪南德·皮耶希（Ferdinand Piech）和马丁·温特科恩（Martin Winterkorn）管理的大众汽车公司，管理人员和专业人员合伙改装了柴油发动机，并作弊通过了设备排放测试。[22] 在约翰·斯坦普夫（John Stumpf）和凯莉·托尔斯泰特（Carrie Tolstedt）管理的富国银行，分行经理跳过监管系统开设未经授权的账户，收取不必要的费用并伪造客户记录。[23]

暂且不论细枝末节，上述所有故事都提及了亲自"扣动扳机"的中层管理人员。他们会受到指责就是因为他们"亲自"执行了计划。毕竟随后的调查很容易就能追踪到他们的电子指纹，有时他们也会由于被抓而恐慌地坦白了所有罪行。但其实，那些给他们的行动创造了条件的老板们，才是真正的罪魁祸首。

虽然是报刊编辑做出了入侵的决定，但默多克和他精心挑选的高管们并没有针对他们的媒体市场制定数字窥探的相关政策和流程。即使这类问题经常被披露出来[24]，这种情况也依旧持续了十多年。在大众，虽然是中层管理人员和工程师篡改了汽车发动机系统，但皮耶希和温特科恩几十年来的欺凌行为（即科学管理时代的专制主义）实际上推进了这一计划[25]。而在富国银行，虽然分公司经理每天都要审查业绩报告四次，但是斯坦普夫和托尔斯泰特制定了目标，认可了这些虚假的业绩评估，并鼓励且纵容解雇那些投诉者。[26]

在每个案例中，当事情被揭露时，高层管理人员都会推卸责任。默多克和他的儿子詹姆斯向英国议会委员会提出了"我什么都不知道"的辩护[27]。斯坦普夫认为他自己就能解决富国银行的问题，而他的继任者蒂莫西·斯隆（Timothy Sloan）为富国银行所犯的错误道歉，但却没有为他作为高管时所犯的错误道歉。[28] 在斯隆被任命的 29 个月后，由于尖锐的政治批评有增无减，斯隆最终只能辞职。[29] 再说回大众，尽管德国检察官姗姗来迟地起诉了温特科恩，但身为德国公民的其他大众汽车高管们却躲过了美国监管机构的怒火。[30]

2003 年，哥伦比亚号航天飞机爆炸，造成 7 名宇航员牺牲。那场危机并不仅仅是美国航空航天局（NASA）自己一手造成的那么简单，而是本可以避免的。因为在发射前的一周多，航天飞机项目的高管们无视甚至抹杀了少数中层专家为抵御可能到来的灾难而做出的努力。[31] 美国国会调查委员会成员杜安·迪尔（Duane Deal）将军后来说过一句著名的话："虽然是泡沫导致了爆炸，但却是 NASA 允许了这种事情的发生。"[32]

今天的一系列以数字技术作为契机——由自己一手造成的危机都可以用类似的方式描述，但需要补充一个重要条件："是（数字技术）导致了……是（企业）允许了……并且最高层领导为其创造了条件。"对于由数字技术驱动的组织来说，其失败的核心原因实际上是领导力的失败，海量的证据指向了这一结论。

数字时代的价值观

前面我分享了人们的价值观未能有效引导组织内部选择，以及价值观会影响组织网络运作的失败案例。接下来的简短例子与前几个不同，是正面的。

诺基亚全盛时期的首席采购官让·弗朗索瓦·巴里尔（见第 7 章）有一句简单的口头禅，且这句口头禅的影响力甚至比诺基亚的正式制度还要大：不要与那些价值观令你感到不安的组织合作。有一次，他迫于压力不得不违反这个口头禅，与一个大品牌机构签订合同。他签署了尽可能短的期限，并告诉员工立即开始寻找可行的替代方案。当合同到期时，诺基亚的规模已经扩大了很多，有能力与对方谈判得到更好的条款。然而，巴里尔仍然拒绝了与这家公司续约。他说："如果我不相信我的合作方在事情进展顺利时能做到正确的事情的话，我怎么能相信它在艰难时期仍能做到正确的事情？"在一个工作逐渐分散以及需要大量脑力劳动的现代世界，"事情"可能会不可避免地且意外地"变得艰难"。

在那个时期，独立分析师经常将诺基亚的供应商网络评为世界上最好的企业网络之一。在巴里尔离开诺基亚之后，他将这种以价值观为导向的方法归功于雇用他的前首席技术官佩蒂·科霍宁（Pertti Korhonen）。科霍宁指导他："先做正确的事情，然后再把事情做正确。"他的意思是你必须要有勇气对企业说："对不起，这样下去不行。"[33]

价值观也能影响个人网络的有效运作。对包容性领导力的支持（见第 5 章）本身就是对一种特定价值观的主张。除此之外，第 5 章还力劝领导者要完成"确保对个体包容行为一致性这一困难任务"，如 IBM 和强生公司试图发展的那种共同的价值观，可以帮助保证一致性。

最后，**价值观将决定社会对广泛使用的数字技术做出何种反应**。在商学院里，中国的银行经常被当作拥抱数字技术的典范：在一些城市，人们配备了主要金融机构的账户和相应的智能手机 APP，可以在没有现金或信用卡的情况下轻松生活，不过这还只是故事的一半。在政府的全力支持下，一些银行正在进行省级的社会信用体系的试点工作（例如，给网约车司机打分）。[34] 而那些违反相应规定的人可能会无法获得一系列由政府和私人企业提供的服务，包括租到汽车和订到高档酒店的房间，有些银行甚至会在高峰时段使用电子广告牌来公开展示失信者名单。

培养数字时代的价值观

你是如何塑造个人、组织、网络和社会这四个层面的价值观的？在这里大谈诚信或谦逊是虔诚的、听上去还不错的，但实际上毫无价值。没有一本商业书可以将没有诚信的成年人变得有诚信。此外，随着更多数字技术的出现，任何具体的价值观清单都只是推测性的，有时甚至是完全错误的。

关于"为什么有些人打算做正确的事，但最终还是做错了"这一问题的研究提供了一些线索。该研究认为，人们一开始的出发点是好的，但他们并不总是按照原定的意图行事。在违反了他们所信奉的价值观后，他们会说服自己，宣称自己一直都忠实于价值观。因此，他们只说不做，然后再说服自己，自己的行为就是按照自己所说的来完成的。理解这个被研究人员称为"道德消退"的问题[35, 36]，能帮助领导者们做好准备，探测到警告信号，并采取纠正措施。

以前，甚至更久以前，在人们做决定的时候，他们总是拥护高尚的、鲜明的价值观。他们为自己可能面临的挑战描绘了广阔而朦胧的蓝图。他们一边专注于自己的目标，一边憧憬着做出勇敢且理想化的选择。"我的免费社交媒体平台将孵化出强大的在线社区。""我的银行将满足每个消费者的全部金融需求。""我的汽车公司将生产有史以来最好的汽车。"

但当人们必须做出决定，而不是畅想抽象的愿景时，他们看到的是利害关系中的细节。他们的绩效评估衡量的是奖励广告收入、利润的快速增长，而不是"社区""服务"和"最好的"。现实主义和实用主义成了他们采取行动的理由。他们所拥护的价值观因此开始变得灰暗，甚至很容易被玷污。"我所提供的免费服务已经改变了人们的生活，我们的隐私政策表明，我们是网站上所有内容的所有者。因此，我有权出售他们的数据。""我们希望我们的员工进行交叉销售的原因是，将信用卡与支票账户捆绑在一起会增强客户的购买力。""只要通过那个愚蠢的加州测试，我们就能够给美国人提供他们喜欢的力量型汽车，而不是柔弱无力的普锐斯。"

后来，人们开始反思自己应该做什么以及实际做了些什么。一系列的心理暗示使他们相信自己的所作所为符合自己所拥护的价值观，是其他人的行为或是超出了他们控制的情况造成了那些偏差。随着时间的推移，确切的细节被遗忘，这种情况便一直持续了下来。选择性的记忆、有立场的归因方式以及辩解，重制了人们应对未来的基本原则。"售卖数据是为了确保我们能继续提供免费服务，就像报纸将广告卖给它们的读者那样。""我们是在帮助人们建立信用记录。总有一天他们会感谢我们的。""监管机构总是偏袒日本车企。管他呢，每个人都在测试中作弊。"

教授们提出，为了认识到道德消退的开始并夺回控制权，你必须练习如何识别什么是"该做的"和"想做的"。下面的建议将对此有所帮助。

第一，保持正确的核心价值观；如果你没有意识到它们的重要性，你就无法应用它们。2018 年，两名非裔美国人在等待一位朋友时，想要借用星巴克的洗手间。[37] 这两名男子把星巴克作为家和办公室之外的"第三场所"——这也是星巴克自身所期望的。[38] 但只因为那时他们没有购买任何东西，经理就要求他们离开。他们并没有按经理所说的做，于是这位经理把他们当作流浪汉并报警，让警察逮捕了他们。而此时高度透明化（原则 6）的威力体现了出来。其他顾客拍摄的视频在网络上疯传，使区域性的愤怒情绪瞬间发酵成了全球性的。看到这些视频的人立刻就忘记了星巴克近 50 年来所树立的那些行业领先的企业价值观。许多人也做过类似的事情，却没有承担任何不良的后果。

不过，星巴克在处理类似危机时的表现远比其他组织优秀得多。[39] 除了承担责任之外，星巴克还改变了其洗手间管理制度，并将全美所有门店关闭了半天来重新培训每一位员工。即便如此，它还是成了喜剧演员的笑料。从那以后，大多数其他组织的歧视性行为只不过是在重演星巴克的耻辱。[40]

三年前，星巴克发起了一项不同寻常的活动，鼓励店员在客户的咖啡杯上写上"种族团结[41]"（race together）。星巴克领导者们希望借此促使各色各样的员工能够就这一长期存在的严峻问题进行友好讨论。然而在互联网上，这项活动引起了大量嘲讽：喝咖啡不用讲道德。创始人兼主席霍华德·舒尔茨（Howard Schultz）随后不得不喊停了这一活动，并声称活动的取消"原本就在计划中"。

在一个分布式工作（原则 3）以及充满脑力劳动（原则 4）的世界里，行为不可能总是被看到、监控和控制。当费城的星巴克分店专注于眼前的"想做的"（want）（"我需要给付费顾客提供座位"）

时，它忽略了对企业来说很关键的"该做的"（should），从而导致了毁灭性的后果。种族团结活动本可以通过关注社会种族问题，以及在员工心目中强调这一问题来防止道德消退，甚至为员工、受害者和其他客户提供一个发声的机会，以缓和冲突并纠正行为。

但是在2018年的危机事件发生后，我试着搜索了那些过去斥责星巴克的记者、专栏作家和喜剧演员的作品，想看看有没有人提到过种族团结活动，却找不到任何记录。

在数字时代，请记住媒体们不会为企业保持价值观所进行的艰苦付出而喝彩，如果有企业尝试这样做，甚至可能收获它们的嘲笑。不仅如此，当企业未能在全球范围内维护这些价值观时，它们还会立即大肆宣扬，并破坏企业的声誉。

第二，时常寻求建设性的反馈，以应对自我意识的减弱。在数字时代，你不可能总是准确地进行自我评估。在VUCA环境中，掩盖不良行为会进一步促使道德消退。[42]高风险的激励措施也会如此。[43]人们会不假思索地拿走超出他们应得的份额。[44]特别是当数字技术使人们不再需要亲自接触以及可以匿名时，这样做变得更加容易。那些成功的但不道德的商业模式的广泛应用，降低了遵守良好行为的底线。

此时，一个好的导师，或是一个同级伙伴，可以通过提供直截了当的反馈帮助到你。（你说你之所以……是因为……但我认为还有另一个可能性……）这样的对话在很大程度上倾向于提供改进的机会，而不是赞美。最好的导师是客观的，不过也会持有适度偏向于被指导者的立场。客观性确保导师对被指导者说的是："你真的搞砸了，不是吗？"而对被指导者的适度偏袒，又可以保证在避免和纠正问题过程中向被指导者提供支持。

第三，创造你能够放手的条件。一位我所尊敬的商学院教授想知道为什么好人不会主动离开那些有不道德行为的公司。随后她意识到，对家庭的责任担当往往会限制人们的选择。因此，她告诉她带的那几届本科生，即使他们还没打算开始为退休进行储蓄，也要开始从每份工资中拿出一部分定投到自己的"FU 基金"（指的是可以给自己说"不"的权利的储蓄基金——译者注）中。因为，如果没有 FU 基金，一个人甚至可能得不到一个光荣退休的机会。

成为数字时代的价值驱动型领导者

除了防止道德消退外，你还能在工作中做些什么？

第一，需要决定在哪儿划出不可逾越的界线。领导者被要求要更加真实。因为真实能带来许多个人、社会和职业上的好处，而不真实则会产生许多负面的结果。[45] 但这个建议说起来容易，做起来难。当领导者在面对"必胜之战"时，必须表现出自信，即使他们知道失败才是最可能的结果。但这样是否意味着他们不真实？他们的团队更愿意跟随什么样的领导者——是外在自信的人，还是那些承认厄运即将到来的人？实际上，领导者们经常扮演不同的角色，就像舞台上的演员一样。[46] 那么什么是真实的？此外，谁来决定一个领导者是否真实，是他们自己，还是观众？

数字时代扩大了这一挑战，领导者还必须激励那些可能从未见过他们的人。此外，决定是否真实的权利也明显地转移到了观众身上。那些领导者留在过去或现在的网络上的信息痕迹，都可能会影响观众们对领导者的观感，甚至会导致观众们进一步怀疑领导者不真实。

真实型的领导者会明确什么对于他们来说是不可协商的——这是他们不会跨越的界线。这些界线可能因人而异，但它们是明确清晰并受到不可动摇的理由支持的。真实型的领导者会抵制住那些脑海中的"想要做"（want）的诱饵。

只有极少数的价值观需要如此明确。因为，如果一位领导者坚持的每个价值观都是一条不可逾越的线，这些线的合集会使组织陷入困境。反之，如果没有任何价值观的束缚，那么领导者会立马宣布什么都能卖。

蒂姆·库克是这一建议的一个完美范例。在公开宣布"隐私是人权"是苹果公司不可逾越的底线之后，库克多年来得以保全自己，使自己避免陷于冲突之中。[47]

2016 年，美国联邦调查局要求苹果公司解锁一部牵涉重大恐怖主义事件的 iPhone 手机。[48] 与其他许多科技公司不同，库克拒绝了，尽管这可能会使公众将对恐怖主义的恐惧转移成对苹果公司的不满情绪。

2019 年，在库克质疑脸书的商业模式的几个月后，脸书推出了一款违反苹果公司隐私政策的 iOS 应用程序，它可以在用户不知情的情况下在线追踪用户。[49] 因此，苹果公司切断了脸书员工用于日常内部工作的所有应用程序。几天后，苹果公司对谷歌的类似隐私侵犯行为也做出了同样的惩罚。尽管库克在这两起事件后的一段时间内有所收敛，但脸书和谷歌很可能会试图减少对 iOS 的依赖，而这可能会影响苹果公司的财务业绩。如果这种情况真的发生了，分析师将指出这两次行动，并指责库克的管理工作出了问题。

在高度透明化原则前，不真实的领导者将无处遁形。到那时，虽然他们可能仍掌握权力，但却会失去信用。在数字时代，你不能说价值观是不可侵犯的或者是没有意义的。库克的行动践行了其价值观，任何怀疑其隐私承诺的人都可以在网上轻易找到这些故事。

第二，确保道德消退在分布式网络中更易被识别。在明确了不可协商的事项之后，你应该明确什么是极其重要的。这个清单虽然比不可协商的清单更长，但也不会太长，你需要保护这些底线来抵御道德的消退。

"极其重要"与"不可协商"之间有何不同？苹果公司2019年的委托声明[50]中列出了六个企业价值观：无障碍使用、教育、环境责任、包容和多样性、隐私性和安全性以及供应商责任。其中，它将隐私和教育两项称为基本人权。一般情况下，虽然其他四项也很关键，但并没有上升到"不可协商"的高度，这可能是由多种实际原因造成的。例如，所有的电子产品都不可避免地使用稀土，而稀土在开采、提炼和处理过程中会破坏环境。[51] 苹果公司不可能一边经营，一边把保护环境称为一项基本人权。

除了不可协商的价值观之外，你还应该清楚地说明至关重要的价值观是什么。特别是在分布式的人才网络中，人与人之间的互动并不常见，所以你更应该说清楚。一个避免道德消退的简单方法是经常问你的员工："我们今天/本周/本月'有做'还是'没有做'什么当我们在社交媒体上看到之后，会后悔的事情？"不要将这个问题道德化，它只是在提醒人们高度透明化的力量。它含蓄地强调了一个事实：**其他人所看到的不一定是我们所看到的现实**。任何犹豫都应该引起大家的讨论，虽然事件本身可能不是很重要，但任何的故意隐瞒，一旦被发现都应受到惩罚。

你也应该问自己这个问题：什么是我们可以舍弃的（目前为止）？这反而是最棘手的。因为这些事情的处理优先级不高，所以极易受到道德消退的影响；一旦你不断地忽视它们，随着时间的推移，你将会改变你可接受的行为的底线。因此还需要添加这个问题：在什么条件下，它们会成为关键因素？如果你无法回答这个问题，那么你所拥护的价值观只是为了展示而存在。再一次，思考一下苹果公司是怎么做的，这样你就能理解其中的区别。虽然库克领导下的苹果公司热情、公开地支持LGBTQ群体的权利，但它必须遵守那些将LGBTQ行为定为犯罪的国家的法律。它可以（也应该）推动改变，但向将此视为违法地区的LGBTQ员工提供在其他地方是常规的福利，可能会使该员工暴露在当局面前。

第三，**在给予指导时，谨慎地选择你的措辞**。在第2章中我反复强调"斟酌用词很重要"，并指出："它们塑造了我们的思想，就如同我们的思想塑造了它们一样。"你所使用的词语拥有巨大的却常常不被重视的力量。例如，研究人员发现，即使所得相同，将游戏命名为"华尔街"，相比"社区"更容易导致游戏中出现自私的行为。[52]

在选择措辞时，要尽可能多地注意你的话将被接收的语境，就像你使用它们的语境一样。数字技术强化了这一建议的重要性，虽然建议本身出现得比数字时代还要早。一旦被网络记录，你的不当言论会在几毫秒内传遍全世界，并永远留下像面包屑一样多的零碎痕迹。

第四，**抵制"立刻行动的偏见"**。放慢行动，让你有时间评估你"自己想要的"是如何驱动决策的。[53] 你可以演练一下如何应对道德消退的具体诱因，决定推迟执行决定也会对此有所帮助；当放弃追求即刻满足时，思想就会从"想要"模式转变为"应该"模式。

一位受访的高管在这方面做得很好。当面对复杂挑战时，她向她的团队描述了这些挑战，但不讨论就终止了会议，然后在至少24小时后再次召集团队进行讨论。相比于每个人都处于系统1或"想要"模式的情况，这种讨论更富有成效。

第五，**框定问题，以揭示出"我能够"，而不仅是"我应该"和"我想要"**。我们应该执行A还是B？这个问题在不明朗的情况下不能依靠数据来决定，而必须依靠价值观（见第3章）。随着工作内容不断被迭代，或不断产生新的突发需求，数字技术迫使我们做出许多类似的决定：在发生不可避免的事故时，无人驾驶汽车的程序是应该保护车内的司机，还是保护车外人员的生命？

研究表明，有时一个基于"我们应该"的价值观做出的决定，可能不会产生最佳结果。而当思考"我们能够做什么"时，可以抛弃二选一的抉择，并解放我们的大脑，使其能自由地探索那些指定之外的选择。[54] 这一简单的改变可能会带来不错的结果，且满足多种约束条件，就如同戴着镣铐起舞一样。

在数字时代中，价值观看起来可能是古板的、过时的，甚至是偏离事实的，还不如花几小时读一些不错的、贴近未来的科幻小说。但你即将直面多个实际案例，了解人类的价值观如何塑造了更好或更坏的数字世界。而你如何处理这些信息取决于你自己。所以无论怎样，你都有必要关心价值观。第8章说到，创造力"是指必须用新的方式解决旧的问题，用旧的方式解决新的问题，或用新的方式解决新的问题，但绝不是用旧的方式解决旧的问题"。就寻找解决问题的方法论来说，价值观是重中之重，因为它们有助于定义你所谓的"新方式"。

第 10 章 发展你的战略意图

作为 21 世纪的领导者，你需要有引领创造力的能力，不仅用来实现组织的长期目标，还要帮助人类应对全球性挑战，如人工智能对劳动力的影响、气候变化、基因编辑，甚至 2050 年为 100 亿人提供食物，数字技术和创造力将在这些方面发挥超常的作用。

而无论是达成组织目标还是响应全球性挑战，领导者都需要定义一个连贯的战略意图，它不仅能使分布式团队的行动方向和步调一致，还能使领导者在非集中监管的情况下处理好各地的需求，同时确保各地的行动与集体目标保持一致。

要做到这些，光靠数字技术是不够的。因为企业内部的研发部门和高级管理层完全持不同的立场。想要应对全球性挑战，需要将跨国学术机构的研究人员、试图满足市场期望的首席执行官、追求宏伟梦想的企业家和许多目的不明的政治家，以及为弱势群体奔走的非政府组织和广大群众都召集起来。但这些群体都有各自的利益，很难齐头并进。但如若他们齐心协力，那将能激发出巨大的能量。

扩展案例：人工智能将如何影响人类

探讨人工智能与人类劳动力之间的关系可以帮助我们很好地理解：哪些需求需要被统一。这个讨论不涉及极端的情形，比如无数新工作的涌现或是发生大规模失业。它所阐述的是许多技术专家和企业高管在正式的公共活动中的演讲、发表的文章和个人对话中所表达的观点。这两个群体在人工智能的问题上都具有利害关系，但他们对人工智能却持有不同观点。

技术专家的观点

当今的人工智能技术已经能够很好地回答问题，但还不太善于提出问题。一个研究方向侧重于探索人们如何无意识地完成日常任务。科幻小说中广受欢迎的类人智能，仍然是多年以后才可能实现的事情。因为当前的技术发展还仅限于多个特定领域（例如，医疗保健的细分领域）。

不过，技术专家们所取得的进展比预期中要快得多。比如说，中国围棋比国际象棋要难得多，因此，技术专家们在1997年时曾预测，开发出能够击败人类围棋大师的人工智能需要100年的时间，但是到了2014年，这一预测时间下降为还需要10年，而实际上在2015年这样的人工智能就诞生了。

同时，技术专家们感受到了被限制。他们认为成熟的企业并没有如他们所期望的快速和广泛地部署人工智能系统。他们也不认可缓慢部署，因为人工智能系统只有在部署后才能比开发时访问更多的数据。因此，更多的部署意味着能为人工智能提供更多的学习和改进的机会。

技术专家期望年轻人和小企业能够勇敢地提出全新的问题,并更快地部署人工智能。这将带来另一个好处:由于大型科技企业部署缓慢,无法积攒来自人工智能的力量,微小的初创型企业可以通过API(应用编程接口)访问现有的人工智能系统(如IBM的Watson),并进一步释放出前所未有的创新力。

他们还认为,监管制度正在阻碍这一改善世界的努力。人工智能并不会危害人类安全,连人工智能会造成失业的担忧也是错的。因为人工智能能够增强人类的能力,并创造出现在还不存在的那些"新领"(不是白领、金领或蓝领)工作岗位,而不是取代人类。在人工智能的帮助下,人们可以在有限的时间里从事不同的工作,也将拥有更多的自由时间,去体验更有意义的生活。

企业高管的观点

企业高管们相信,人工智能对企业的核心价值在于它能够全面提高现有营销和运营机制的表现。首席执行官们正在十分谨慎地做出部署,因为系统必须要证明其确实能带来价值。因此,只有很少的人工智能系统会被大规模地部署,它们离被广泛应用还很遥远。

人工智能确实会消灭许多工作,但人们和社会不应该害怕它。因为它像以前的主流技术一样,将会创造更多的就业机会。麦肯锡全球研究所的一项研究[1]对可能发生的情况进行了预测。

该研究预计,在目前所有的工作种类中将会有一半可能会被自动化,有多达1/3的工作者将不得不改变其职业。最有可能发生的情况是,将有4亿名工作者在2016年至2030年期间下岗,而那些位于经济发达地区的人们将首当其冲地受到这一变化所带来的冲击。

另一方面，人工智能及其相关技术将创造 3.9 亿 ~ 5.9 亿个新的就业机会。在发达国家，这些就业机会的诞生将得益于国民收入和消费的增加，或是源自老龄人口医疗保健方面的支出增加。如果各国增加对基础设施和能源（以及其他一些领域）的投资，那么新的就业机会数量可高达 5.55 亿 ~ 8.9 亿个。并且，许多工作将出现在目前尚不存在的领域之中。

这类经济转型将与那些基于农业和制造业的经济转型相竞争。新的工作将要求人们接受更多的教育和职业中期再培训，因此，企业和社会都必须重新思考人们应该如何接受教育和培训。

战略意图所面临的挑战

上述观点都隐含了这样的假设：过去时代中的事实依旧适用于数字时代。在以前的时代中，许多具有长影响弧的技术消灭了许多工作，但也创造了更多，甚至多得多的新工作。此外，由于技术发展主要集中在工厂内部，外部的商业和社会的变革步伐是渐进式的。毕竟，西方经济体拥抱质量管理运动的时间比日本晚了 30 多年。但无论如何，过去时代的例子已经不再适用于数字时代，这些观点掩盖了数字时代下的四个事实。

第一，如同过去的技术降低了对体力劳动的要求那般，**数字技术也降低了对脑力劳动的要求**（原则 1 和原则 4）。体力劳动者可以轻易地从农场转移到工厂和其他行业，也可以在几天或几周内接受必要的再培训，但即使是像美国这样的先进国家，也还在为使那些没有受过足够基础教育的人进入劳动市场而努力。[2,3] 相比之下，大多数脑力工作的培训需要耗费更多年限。因此，新经济领域所需的再培训不可能在几天或几周内完成。麦肯锡报告预计，到 2030 年，再培训将能够帮助到 0.75 亿至 3.5 亿人，其中大部分人位于发达经济体。可是，真的有人在认真筹备再培训相关事宜吗？

此外，有一半的工作会被自动化，这可是一个很庞大的数字。但这一进程并不是均匀分布的。对于许多活动来说，它将导致前所未有的社会动荡。在全世界最拥挤的发展中国家的城市中任意选一个——雅加达、加尔各答，或者是开罗，在那里，每年都有无数人成为职业司机，为了跻身当地中产阶级的最底层而展开一场鏖战。而未来，一旦无人驾驶汽车开始普及后，数以百万计的人将无法跨过这一门槛。由于缺乏基础教育，他们很难接受再培训。而首席执行官们和技术专家们是否有责任帮助社会为这一现实做好准备？

第二，**过去的技术提高了体力劳动的技能，使许多人可以用机器完成原本人工很难做到的事情；而数字技术则提高了脑力劳动的技能，使更少的人可以做更多的事**（原则 2 和原则 4）。这种情况已经在一些行业中发生了[4]，不过随着越来越多的工作被自动化，这种情况将更加普遍。这将给职业中期培训带来前所未有的压力。

第三，**数字化转型速度比以往任何一次转型速度都要快**。贾库马尔的研究表明，头部企业大概需要花 15 年来适应新的时代，而整个经济的大规模转型周期则长达 50 年。[5] 与之相反的是，麦肯锡的研究认为，全球经济必须在 15 年内适应这一前所未有的转变。[6] 问题在于——正如技术专家和企业高管的观点所表明的那样——到目前为止，首席执行官们渐进式的决策速度已跟不上技术变革的速度。这意味着，用以实现组织和社会变革的时间正在被急剧压缩。诚然，如果是因为受到深思熟虑的创造力引导，首席执行官们采取渐进主义是值得赞扬的，但如果只是为了专注于提高现有业务的生产力的话，这样的行为很难让人信服。

第四，也是最后一点，我们还没有开始探讨数字技术所引起的更广泛的道德问题。例如，对数据的无休止的需求。大卫·埃格斯（David Eggers）最畅销的未来科幻小说《圆圈》（*The Circle*）[7]讲述了一个被扭曲的良好动机——通过高度透明化揭露政治腐败，转变成了要求所有人随时上报其行为。**对数据的需求会不会演变成必须提供数据的要求？**事实上，要做到这件事并不难。只需要在银行账户、汽车保险或互联网访问的用户协议中增加一行，最多是一段文字就可以做到。

基于以上四个事实，相比之前的时代，如今我们确实需要关注：何谓战略意图？我们如何能够"大致协调"那些无视他人观点的领导者们所做出的自以为是的决定？我们如何确保那些被忽略的观点（例如，谁来负责再培训？）也被考虑在内？实际上，我们不仅还没到寻找解决方案的阶段，我们甚至都还没有把问题提出来。

那些希望被称为"领导者"的企业高管们无法回避这些问题。他们不能只对演变中的未来做出简单的回应——尽管这是一项关键技能——而是必须努力塑造未来。如果不这样做，他们将会遭受到VUCA数字世界中的不可控事件的冲击，就像中国对铜的需求甚至会影响到不相关行业的盈利能力那样。

接下来，我将介绍一个可以帮助到领导者的框架，第一部分界定了人们谈到数字技术时无法质疑的"五个假设"，了解这些假设并做出明智的选择可以帮助领导者们识别"我想知道为什么""我想知道是否……"和"我能否"的探索方向；第二部分讨论了七种类型的错误，这些错误混淆了主要的技术举措。了解这些错误有助于你建立领导力护城河。

关于数字技术的五个假设

五个假设中的第一个是"**友善假设**"。关于数字技术，乐观的看法强调它们能增强人们的能力；而悲观的看法则认为它们会取代或伤害人类。从科技进步的历史长河中可以发现，这两种情况会随机出现。

专家们并不能帮助你做出正确的判断。因为这些本来最有资格对技术持怀疑态度的乐观主义者，反而往往会不加修饰，甚至是滔滔不绝地赞美它。2016 年秋季专刊发布前夕，麻省理工学院《斯隆管理评论》向 14 位学者和专业从业者发起了提问："在未来 5 年内，技术将如何通过我们未曾预见过的方式改变管理实践？"前 10 位表达了无限乐观的态度，第 11 位受访者虽然提及了一个可能的问题，但整体也保持乐观的态度。第 12 位是一位经济学家，中立地讨论了企业结构中的技术变化。最后两位也是学者，委婉地呼吁大家应谨慎行事：其中一位对人工智能算法中隐藏的伦理问题表示了疑问[8]，另一位则认为"数字化转型需要有人情味"[9]。对数字技术持友善与怀疑态度的比例是 11 比 2，呈现出一边倒的局面。

当然普通商人也不例外。不过与上述麦肯锡报告结论相反的是，他们希望数字技术能够帮助其免受他人可能会遭受的伤害。2017 年底，在线求职公司 ZipRecruiter 对 1000 名求职者展开了一项调研。[10] 其中有 77% 的人表示听说过"工作自动化"这个词，但只有 30% 的人表示真正了解它。60% 的人认为机器人取代人类工作的可能性过于夸张。而在目前的就业者中，有59%的人不希望他们的工作被自动化。

全球调研的受访者也回答了两个关于一般情况下工作中思考场景占比增加的问题，特别是在他们的工作中（见图4-5）。他们大部分同意思考占比越来越多，但他们的工作却没有受到影响。显然，他们过于乐观地相信自己无须改变。

人们总是在无意识中喜欢上新数字技术。他们对不熟悉的数字技术比熟悉的数字技术抱有更为乐观的看法。[11]并且他们会把技术故障归咎于使用者，而不是技术本身。[12]企业家们持续投资研发可能失败的技术，并期望有一天能够发生转机。[13]值得一提的是，2016年，一家芬兰上市公司叠拓（Tieto）将一个人工智能系统加入管理团队中，赋予其投票权。[14]

意识到——并留心到——这种偏见（友善假设）可以帮助你解决问题。实际上，宣称对技术的好处持怀疑态度，会比成为一个无知者要好。虽然对早期的新想法持怀疑态度会扼杀创造力，但在评估这些想法时保持审慎的怀疑将会带来更好的结果。[15]

第二个是"**不出错假设**"。算法已经可以做出影响人们生活的重要决定，它们通过大量的数据来进行训练。以下是对训练过程的高度概括：在任意一个算法中，输入数据，用算法处理数据并产生输出，将输出与已知的正确结果进行比较，再把错误结果反馈给算法，然后调整其统计模型和参数。经过多次这样的迭代，该算法能基于任意输入数据产生有意义的结果。

如果在训练期间使用错误的或不完整的数据，那么算法也会学到错误的经验。这就带来了是一个鸡生蛋还是蛋生鸡的问题：因为实际使用中的数据比训练中的数据多,如果在开发过程中没有对实际应用场景的数据进行大范围测试,那么使用时就存在一定的风险。例如,如果只用中国人的特征来训练人脸的概念,那么算法就可能无法识别来自环太平洋地区以外的人。或者如果只使用白人的特征,算法就可能无法识别有色人种。

开发人员通常依靠现有的数据(例如白种人或黄种人的面孔,这取决于开发的地点)而不是适当的数据(例如来自世界各地的所有人种的面孔)来解决这个难题。他们通常并非刻意要这样做,而是因为其他领域的人也这样做。这本书也提到了这一点:虽然强烈主张采用全球视角,但我大量引用的仍是西方资料以及用英文发表的文章。因此,我主要通过对不同背景的高管进行采访和开展全球调研来弥补这一缺陷。

随着高新数字技术的发展,风险的成本也急剧上升。一旦使用不准确的数据,开发团队就会开发出带有偏见的人工智能系统,即使开发人员本身并未带有偏见。[16]同时,数据自带的隐性和显性偏见,也使这个问题变得更加复杂。此外,目前的人工智能系统训练仍不完善[17],这不仅会导致道德问题[18],也无法代表整个群体[19]。这个问题很难在短期内获得缓解,因为一旦使用有偏见的数据,它们将会破坏各地的开发工作。麻省理工学院媒体实验室的科学家乔伊·布兰维尼(Joy Buolamwini)谈道:在亚洲开发的代码也体现出了美国常见的种族偏见。[20]

此外,数字算法有时会做出"极佳的""智能的"有效决定,这是无法向非专家人士解释的。[21]比如:我们如何规范Facebook中的算法或者那些无人驾驶汽车的算法?[22]我们是否应该依靠算法进行招聘？那么警察的工作或者股票交易员的工作呢？如果是的话，你将如何向普通人解释全球经济依赖不可捉摸的算法？或者你用什么来证明人工智能系统拒绝给妇女提供工作或建议对特定种族的人进行更严厉的惩罚是合理的？[23]

两位伦理学研究者维丹·帕尔马（Bidhan Parmar）和爱德华·弗里曼（Edward Freeman）很好地描述了这个难题：

> 那些软件代码——根据我们对鞋子或通勤方式的偏好对我们做出判断——是由人来编写的，也是由这些人向机器解释这些数据的含义以及应该如何刻画我们的行为。这些代码并非中立的——它包含了许多判断：我们是谁、我们应该成为谁，以及我们应该如何生活……[24]

了解道德如何影响算法，以及这些算法反过来如何影响道德，是我们这个时代面临的最大挑战之一。

即使算法本身并不是高深莫测的，那么也有另一个挑战：既然它们不是绝对可靠的，那么就应该受到监管。我们如何才能在监管和保护特定知识产权之间取得平衡？到目前为止，企业领导者几乎无视了所有的监管工作。但随着算法的广泛使用和更多的严重问题暴露，对监管的需求将提高。你会在哪里划定界线？

你需要对公司研发的先进技术负起责任来。在批准测试和部署之前，你必须亲自保证它们是安全的，或者它们的影响至少是可逆转的。一个好的——不要求是完美的——测试是指能回答这个问题的测试，你是否愿意把该技术应用到你爱的人身上？

第三个是"**可控性假设**"。学富五车的人认为他们可以限制、平衡或是控制数字技术的发展或具体用途。领英（LinkedIn）的执行主席和联合创始人里德·霍夫曼（Reid Hoffman）写道：

> 一些非常聪明的人在担心人工智能的潜在危险，无论他们是正处于经济位移还是实际冲突中。但我支持OpenAI项目，并将最大化利用开发出"友好型"人工智能的机会，这将会帮助人类，而不是伤害人类。人工智能已经出现。利用特定的人工智能在管理等领域扩展人类的智慧，是我们可以取得持续进步的一种方式。[25]

2019年2月，OpenAI拒绝公布其所开发出的某个程序的完整代码，该程序可以响应提示，并撰写出一整页的写实文章，以及进行创意写作。它对此解释道：

> 通用的大型语言模型（LLM）可能会产生重大的社会影响，以及许多近期的应用……我们认为这些模型可能会被恶意应用，包括以下情况（及其他尚未预测到的场景）……如今，一些恶意行为者——包括一些政治性的——已经开始对在线共享资源发起攻击。因此，出于对LLM会被用来大规模地生成欺骗性、带有偏见的或滥用的发言的担忧，我们将仅发布GPT-2的一个删减版本以及节选代码，我们不会公布数据集、训练代码或GPT-2模型权重。[26]

啊，这真是太讽刺了！一个为行善而成立的组织竟担心自己的某个作品会被用于作恶！

斯坦福大学的人工智能研究员克里斯托弗·曼宁（Christopher

Manning）也不认可这一决定（"坦白说，我对此翻了个白眼"），并指出："是的，它可能被用来制作虚假的 Yelp 评论（指美国最大的点评网站——译者注），但向第三世界国家的人支付写虚假 Yelp 评论的费用并不高呀。"[27] 曼宁轻视了该程序可能对人们的生活和自由造成的损害（他可以问问马克·扎克伯格）。尽管如此，他的批评还是有道理的：可能已经有人正在开发一个更好的程序了。

一位中国科学家曾宣布，在某体外受精过程中使用基因工具 CRISPR 后，抗艾滋病双胞胎女孩顺利诞生了。[28] 他违反了许多国家关于不得对人类进行基因编辑的规定。这意味着他打破了不编辑人类基因的心照不宣的普适契约。虽然他的初衷或许是好的，但也可能引发一场逐名夺利的非良性竞争。

那么，我们又该如何看待德国制药公司拜耳在体外受精事件前 13 天在其网站上发布的故事？它的标签是："我们能生活得更好吗？"（Can we live better?）其中的部分内容如下。

2017 年 11 月，我们见证了人类与基因之间日益密切又复杂的关系的新里程碑。44 岁的加利福尼亚人布莱恩·马德（Brian Madeux）被注射了纠正性基因的复本，科学家试图治愈他的亨特氏综合征。注射的目的在于直接编辑马德的基因代码，去除基因组中的错误片段，再将其重新拼接到一起。

如果成功，这种治疗方法将是基因编辑技术在医学应用上的一个重要里程碑。但是，我们是否正在打开潘多拉魔盒？现在我们的确有能力这样做，但我们是否需要停下来问问，我们是否应该这样做？[29]

藏在这三个简短的故事背后的是一个重要问题：**多大的"盒子"（欲望）才能装下我们强大的创造力**？"盒子"太小，会使得我们放弃很多美好的东西；"盒子"太大，又会招致潜在的不可逆转的伤害。

你将如何做出这些？即有时可能需要与外部人士合作的决定，或是需要用法律的限制来警醒自己，回顾自己的初心。这些决定必然是棘手的，正如第9章所指出的，"每个人都在做事"的逻辑可以为很多错误辩护。

第四个是"**全知假设**"。知名科幻小说作家亚瑟·克拉克（Arthur C. Clarke）制定了三条技术"铁律"。其中一条是："任何非常先进的技术，初看起来都与魔法无异。"[30] 他的敏锐观察下隐藏着一个推论：纵观历史，魔法一直是权力的代名词。

数字技术及其副产品——即那些瞬时的、几乎无限的数据——会使人们产生类似于宗教的信念。给人一种毫无根据就被完全控制的感觉。以数据分析为例，它只是众多数字技术中的一种。顶尖名校[31,32]、在线教育品牌[33]、全球非政府组织[34]和一流的咨询公司[35,36]都在称赞它改变医学、商业、扶贫、体育、娱乐等无数领域的能力。

但我们不能忘记，这些都是具有自身局限性的工具。在训练数据难以直接复用的VUCA条件下，人工智能的表现如何？我们知道，即使在静态条件下，它也无法识别某些种族的人。[37] 同时，技术也会有达不到我们期望的时候。虽然人工智能可以提高人类在创造性活动中的生产力，但有一位专家认为这其实等同于"释放创造力"[38]。不过这位专家的观点还远未达到为人工智能设定的围棋能力的标准——"战胜围棋大师"。

同时，大规模使用将暴露出数字技术更多的局限性。物联网虽然带来了难以想象的好处，但也会恶化我们如今仍尚未解决的互联网问题，像黑客、垃圾邮件、病毒等。而关于三星深陷于诊断其智能手机 Galaxy Note 7 的自燃原因这件事，则揭示了另一个关键挑战：假若数以百万计的这类有缺陷的设备连接到物联网上，再加上难以捉摸的算法——在缺少独立监管的情况下——将会发生些什么？

你将如何看待数字技术的力量？当需要做出决定时，你如何将它们的弱点考虑进去？

第五个是"真实性假设"。真实性有多种含义。它描述了一个领导者的真实自我与展现出的角色之间的匹配程度（见第 7 章和第 9 章）。它还可以评估某人或某事是否合理（"这是正宗的泰国菜吗？"）或反映预期的价值（"厨师接受过泰国厨房的培训吗？"）。[39] 当人和机器人一起工作时，后两个问题会呈现关联性。

搜索"人和机器人一起工作"，你大多会找到机械化、实用性工厂机器人的例子。在现实中，特定领域的智能机器人会表现得越来越像有知觉的生物。这将给领导者带来难以想象的挑战。

凯特·达林（Kate Darling）认为，人类"天生"就会将看似自主移动的任何东西拟人化。[40] 在与机器人恐龙玩了一个小时后，测试参与者拒绝了摧毁它们的命令；久经沙场的士兵也难以眼睁睁看着"受伤"的机器人继续执行扫雷任务[41]；当电子屏幕上显示出异地工作的同事的身影时，人们会收敛自己的行为。[42]

实际上，机器人本身并不具备情感，而且短期内也（几乎）不会有情感。因此，一旦编码识别到漏洞，监管人员会毫不犹豫地"停用"（优步的官方术语[43]）机器人。一位记者在采访了优步的代言人并了解了他们的半自动化流程后写道，虽然编码中存在明确的违规标准，但受标准影响的人实际上并不知道这些标准的存在。[44] 尽管如此，优步仍然迅速地在其业务的各个方面应用人工智能。[45] 在一份法律文件中，亚马逊也描述了它的算法是如何半自动地运作的。[46]

亚马逊的系统跟踪每个员工，并自动生成任何有关质量或生产力的警告或解雇通知，而无须主管的介入。这些通知被要求在14天内提供给员工。如果员工没有反馈任何原因……通知就会过期……虽然经理们不能控制评估过程，但如果政策实施不当，他们可以否决这些通知……如果员工在滚动的12个月内连续收到两次最终警告或总共6次书面警告，系统会自动生成终止雇佣的通知。

问题在于，一个人可以对不公平的决定进行申诉吗？向谁申诉呢？值得注意的是，亚马逊的文件没有展示那些经常否决或无视算法决定的经理的情况。

研究发现，也许正是因为机器人缺乏情感，因此人们低估了算法对音乐、绘画和决策所产生的影响。[47] 他们虽然认同算法结果与人类产出的相似性（"类型的真实性"），但对算法的"道德真实性"提出了质疑。在对不明确的数据做出判断时，人类更愿意被其他人，而不是被机器人所说服。[48] 换句话说，**算法能完成工作，但不能决定工作。**

真实性的假设，将会超越所有其他的假设，在未来向你发起挑战。因为它涉及领导力意义的核心。纵观人类的整个过去，人们都在领导有生命的生物，比如人和动物，**但没有人领导过无回报情感的智能机器**（如同达林的实验那般）。

建议你最好秉持着怀疑态度和同理心。接下来，考虑几个显而易见的难题。机器人应该拥有法律权利吗？[49] 哪些机器人应该拥有哪些权利？如果具有不确定或模糊特征的新数字技术被赋予人类特性，人们往往会更信任它们。[50] 这种认知无疑会被用来兜售可疑的产品和服务，但是应该这样做吗？如果仅仅因为知道了是谁完成了这项工作——人或算法——就会影响人们的意见，那么人们会认为基于机器的结论所做出的决定是公正的吗？程序是公正的吗？

这五个假设可以为领导者的战略意图提供参考。但接下来，让我们考虑另一个关键问题：人们在复杂的技术项目中会犯下什么错误。

七类关键错误

高管们常常将错误论述得头头是道，却很少付诸行动。过去，人们把所有的失败都视为洪水猛兽，而如今许多人却毫无顾忌地提倡"快速失败""向前失败"和"庆祝失败"。

实际上，现实生活是复杂的。当失败的后果并不严重或是可控，抑或容易逆转时，失败（以及导致失败的错误）可以成为意义重大的知识来源。[51] 但在其他环境中，比如手术室、移民检查站、法庭或是涉及关键设计决策时（如导致两次坠机的波音737 MAX的迎角传感器），不应该以创新的名义拥抱失败，也不应该轻易原谅失败。

对错误的精细化理解可以帮助领导者在开发前卫的人–机系统时，最大限度地减少灾难性失败的可能性。关于这个问题的一项近期研究表明[52]，人们会犯七种类型的错误。相信不正确的东西（第一类），不相信正确的东西（第二类），选择了错误的目标（第三类），在考虑替代方案之前做出决定（第四类），在该行动的时候不行动（第五类），在不应该行动的时候行动（第六类），以及易受多个前述小错误的综合影响（第七类）。下面所讨论的每一种错误，都会影响到数字技术实施计划。

第一类错误（相信不正确的东西）和第二类错误（不相信正确的东西）常见于商业、科学和工程项目中与数据分析有关的课程。这些讨论假定我们已知问题的利害关系（例如，训练的数据集可能存在错误）。

减少第一类错误会不可避免地导致第二类错误的增加，反之亦然。因此，作为一个决策者，你应该偏向于能较少引起毁灭性错误的那一方。当下次需要为人工智能选择或投资一个更好的训练集时，你要问："基于这项投入，系统会不会更相信错误的东西，或者更难以学习到正确的东西？"紧接着问："它学习虚假数据会造成什么后果？为何不学习真实数据？"

第三类错误（选择了错误的目标）早在这之前就发生了。2016年，微软在给其聊天机器人 Tay 提供推特账号两天后就收回了账号，因为其输出了种族主义和其他煽动性的言论。[53] 微软把 Tay 设计为一个虚拟的美国少女形象，并期望它通过与真人互动进行学习。它选择了推特，一个还算知名的社交网站。但推特拒绝审查任何发布于其平台上的言论，因此，只需要小部分推特用户将 Tay 列为攻击对象就足以摧毁它。而事实正是如此。成年人尚且需要通过监督来限制儿童和青少年的不当行为，那么应该由谁在推特上对 Tay 进行监护，以及如何监护呢？

商业世界中，第四类错误（在考虑替代方案之前做出决定）常被理论广泛提及，但却鲜少被实践所熟知。一个好的头脑风暴会议能够通过禁止批评早期的新想法来防止这一问题。英国设计协会的一份文件[54]很好地说明了头脑风暴会议中应该发生些什么（见图10-1）。

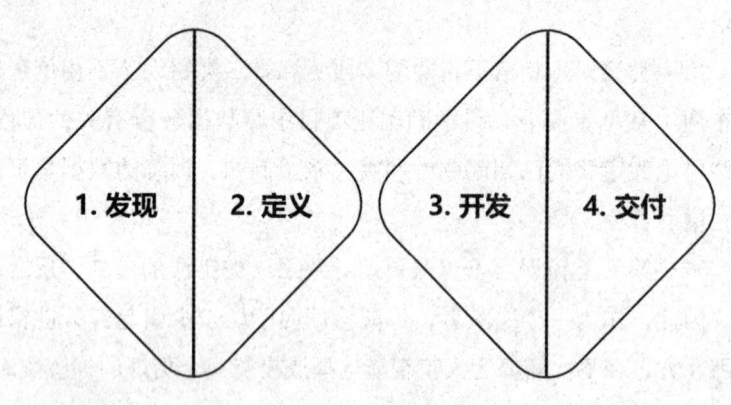

```
    1. 发现 | 2. 定义        3. 开发 | 4. 交付
```

图 10-1　双钻模型

资料来源：英国设计协会，"开发服务的设计方法"。

发散性思维（开放选项——"发现"与"开发"）和求同性思维（关闭选项——"定义"和"交付"）不论在哪个项目中都应该兼备。求同性思维很重要，但发散性思维在VUCA条件下也是拥有创造力必不可少的条件。一家印度的数字化服务公司的前创新主管，同时也是一位设计思维专家指出：

> 那些急于下结论的领导者往往排除了新的可能性……只有那些能在一头扎进行之有效的想法之前按下暂停键，不急于判断并尝试吸收不同观点的领导者们才能取得成功。真正有效的解决方案……更有可能源自对新兴世界的集体认知，而不是基于少数人对过去的信念或是假设的未来。

但当发散性思维和求同性思维没有适时发生时，就会出现第四类错误。微软在 Tay 事件上遭遇的问题可能来源于早先在中国成功推出的小冰机器人。Tay 的负责人只是做了简单的复制，而不是回到源码上重新编写。[55] 因此，可能会有人问及："中国审查机构监管着互联网，而推特却没有被监管，这会导致什么问题呢？"这个问题将引出发散性思维。

优秀的领导者会本能地避免第五类错误（在该行动的时候不行动）和第六类错误（在不应该行动的时候行动）。不过如今从事技术工作的高管们更有可能犯第六类错误，而不是第五类错误，因为竞争在加剧，而他们仍乐于采用过去时代的想法和流程。

30 多年前，当美国企业受到来自日本企业的冲击时，《寻找卓越》(*In Search of Excellence*)一书告诉美国高管，他们中最优秀的人都"崇尚行动"。[56] 到了 20 世纪 90 年代，随着互联网炒作的升温，一种对独立软件（如早期版本的 Excel 和 Word）进行现场测试，以修补那些不会造成永久性伤害的漏洞的方法，成为一种产品发布策略，它被俏皮地称为"最小可行性产品"(minimum viable product)。在 2000—2001 年，当软件实施计划——更不用说开发计划了——都需要运行数年才能交付有意义的结果时，一群备受赞誉的软件设计师们共同发表了"敏捷宣言"。[57,58]

本可避免的波音 737 MAX 事故导致了数百人丧生，这表明：下意识依赖敏捷开发的项目很可能会出现问题。《西雅图时报》的一项调研揭露了在开发工作比竞争对手空客 A320 neo 晚了 9 个月时，波音公司内部对其 MCAS（机动特性增强系统）的安全分析记录（该系统本应防止 737 MAX 的机头指向过高导致飞机熄火）。

对 MCAS 的轻视……无法解释为什么当飞行员进行了相应操作后，系统会自动重置……在评级时，将系统的故障评估为比"灾难性"低一级的"危险"级别。但即使是"危险"级别，也应该设定因单个传感器的输入而导致激活系统的条件——然而设计时并未考虑全面。[59]

这篇文章讲述了许多波音公司和美国联邦航空管理局（FAA）为了加快发布速度而缩短正常流程的事例[60]，而这只是一部分。《华尔街日报》认为："这次的误判是因为波音公司对飞行员的行为做出了过于乐观的假设。"它发现，"波音公司当时认为，经过安全程序培训的飞行员应该能够在 4 秒钟内甄别出自相矛盾的警告，并百分之百地采取正确的行动"[61]。

4 秒，这和你读完这句话的时间差不多。

"波音的理由是，飞行员都接受了多年的训练，理应有足够的能力处理一个失控的稳定器，这和在 MCAS 熄火事件中做出的正确反应是一样的。飞行员不需要知道为什么会出现这种情况。"并不是只有波音公司在做这种有缺陷的假设，美国联邦航空管理局也有自己的版本。目前，"美国联邦航空局的规则通常假定'人类每次都会进行可靠干预'"。坠机事件发生后，美国联邦航空管理局才开始反思："世界各地的飞行员经验水平和培训标准都不同，他们却将美国飞行员的平均反应时间设置为销往全世界的飞机的设计基准。"[62]

在设计过程中，在水平尾翼倾斜幅度物理最大值为 5° 的前提下，MCAS 最初设计的控制水平尾翼的极限倾斜幅度是 0.6°。然而，当试飞员使用最新的原型机时，这个角度被增加到了 2.5°。虽然"调整控制软件并不罕见"[63]，但这一大幅度的角度调整既没有反馈给设计师，也没有记录在提交给美国联邦航空管理局的安全分析报告中（或是出现在任何提供给航空公司的信息中）。

在某种程度上，做出这些有缺陷的决定是因为："MCAS 并没有被视为飞行控制系统的重要组成部分，在 2013 年前后，飞机制造商仅将该系统简单地描述为几行软件代码。"[64]

同时，这些有缺陷的决定并非研发实验室做出的，而是来自其他地方：

飞行员几乎可以立即做出反应的假设与波音公司的一个重要目标相吻合：要让飞机变得尽可能地便宜，以便航空公司采购。一位参与飞机研发的人士表示，大约在 2013 年，波音公司的官员都很担心美国联邦航空管理局会要求进行模拟器培训。但包括 MAX 首席工程师在内的官员们都选择不与模拟器制造商合作开发 MAX 版本，因为他们坚信这款飞机与早期的 737 系列并没有太大区别。"这实际上是一场高风险的赌博。"他说道。波音曾向 MAX 机型的最大客户承诺……如果未来飞行员需要进行额外的模拟器培训，它将按每架 100 万美元的金额返还给客户。[65]

而最初的版本曾设计了一个可以警告飞行员 MCAS 出现故障的警报功能。

问题在于，在埃塞俄比亚和许多其他航空公司运营的 MAX 系列飞机上，该警报功能并未被激活。一个承包商曾在用于激活警报的软件开发中犯了错误，但波音只告知了部分航空公司。波音坚持认为警报功能不是关键的安全项目，而仅将其列为可选套餐中的一项。[66]

这远远不是这一事件的全貌，在未来的几个月乃至几年里，情况可能还会继续发生变化。但这显然是一个极端的危机案例，它提供了一个极其重要的教训。

当他们的公司使用嵌入式数字技术来创造产品和服务时，领导者们——对人的行为、客户的反应、工程系统的运作方式以及操作环境等——做出了各种巨大假设，但他们不一定会问自己，现有的企业流程和机制是否能充分应对新时代可能出现的问题。此外，如今大多数的数字化项目通常得在几天、几周或是几个月内完成交付，领导者们仍然具备"崇尚行动"的理念。但过度地追求敏捷性，然后推出一个非常复杂且仅具有最低可用限度的产品，是非常危险的。

指出这个严肃的问题并不是认可"瘫痪分析"或冰冷的"瀑布模型"（需求、设计、实现、测试和维护呈线性进展的模式）这样的软件开发模式，也没有暗示快速的原型开发是有害的，实际上它是必不可少的，而且它的价值常常被低估。我主要是想表达：追求速度不应该以牺牲深入思考为代价；即使有先进的原型，也不应该在没有考虑周全的情况下就发布，至少应该完成所有必要的（而不是最低限度的）测试。

三星的 Galaxy Note 7、波音的 737 MAX、深奥的金融产品，以及许多其他类似的犯下重大错误的产品都在深刻地警醒着我们，在一个高度互联、数字化的、VUCA 环境中，过早行动的（第六类错误）远远高于不采取行动（第五类错误）的成本。正如我在其他地方所写的那样："如果对修复错误的速度和计算错误的成本都可以接受，那就请尽一切可能敏捷地开发，争取第一个进入市场，或推出最低限度可用的产品；否则，就请你下定决心要求自己考虑周全。"[67]

最后，第七类错误是由前几类小的、单独的、看似无关紧要的错误串联而成的，但这些错误结合起来会产生灾难级别的危机。所以不要轻视小错误！相反，要问："在 VUCA 条件下，这些错误会不会连带出现？在什么情况下可能产生什么影响？"此外，在你开始行动之前，设定危机的评估标准。如果过往经验向你示警，请务必留意这些标准，而不是忽视它们。因为随着时间的推移，忽视这些标准往往会使决策者承受更大的风险。[68] 如果一定要违反这些标准的话，也必须采取相应的前置保障举措。

图 10-2 说明了出现在项目演变过程中的错误。注意编号并不是按顺序排列的。第一类和第二类错误是广泛使用的术语，源于统计学；相较于其他错误，它们很早就被发现了。

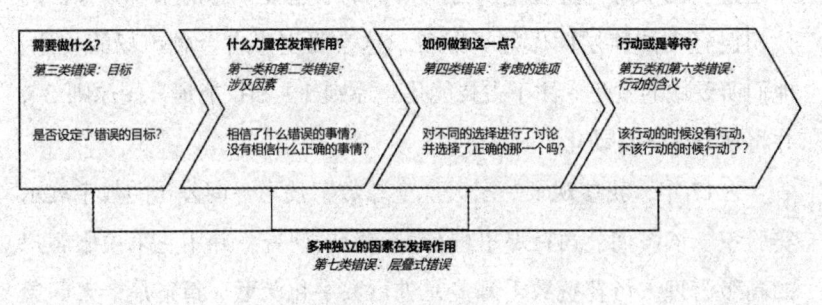

需要做什么？	什么力量在发挥作用？	如何做到这一点？	行动或是等待？
第三类错误：目标	第一类和第二类错误：涉及因素	第四类错误：考虑的选项	第五类和第六类错误：行动的含义
是否设定了错误的目标？	相信了什么错误的事情？没有相信什么正确的事情？	对不同的选择进行了讨论并选择了正确的那一个吗？	该行动的时候没有行动，不该行动的时候行动了？

多种独立的因素在发挥作用
第七类错误：层叠式错误

小错误是否被合并及放大了？

图 10-2　七大错误

资料来源：马克·梅克勒（Mark Meckler）、金·波尔（Kim Boal），《决策失误、组织创伤和第七种错误》，《美国管理学会展望》（*Academy of Management Perspectives*），2018 年 10 月 15 日。

制定你的战略意图

数字技术还远远没有达到人们对它们的期望。虽然我不同意风险投资人彼得·蒂尔（Peter Thiel）的许多说法，但他生动地描述了这一点："我们想要一辆会飞的汽车，结果却得到了140个字符。"[69] 更具体地说，虽然一艘只装了2KB内存的航天器就让人类登上了月球，但全球数十亿部内存2GB智能手机（比2KB多出100万倍）也并没能创造出类似奇迹。不知为何，我们转向了与陌生人交朋友，而如果我们的生活依赖于这样做，我们就不会认识这些陌生人。

领导者面临的最大挑战不是技术，而是他们自己的思维方式。许多首席执行官目前所追求的循序渐进的工作方式具备巨大的惯性，这是过去两个时代追逐生产力所留下的后遗症。总的来说，他们的公司已经在战略层面做好了准备，这会吸引来自金融市场的关注。他们所要做的就是专注于去技能化（原则1）和技能提升（原则2），并将现有业务自动化。

2017年，我参观了一家大型全球数字技术咨询公司的数字展示实验室。该咨询公司在那里进行最前沿的研究，并用它来说服客户的高级管理人员花费数千万美元进行数字化转型。猜猜最令人印象深刻的场景是什么？使用VR技术来加快昂贵资产（如大型设备）维护人员的培训进程。

但数字时代其实更需要大胆、创新的举措。对此，原则1（去技能化）和原则2（技能提升）或许能起到一定作用，但原则3（分布式工作）、原则4（脑力劳动）和原则5（突发需求）往往才是关键。对比之前使用VR技术的情形，现在的VR技术可以让年轻的女医生从内心深处产生共情，真切了解有衰弱性疾病的老年男性患者的感受（见第 8 章）。一个可以节省开销，另一个可以帮助改变医学并赚到钱。你更愿意领导哪家公司呢？是进一步培训维护昂贵资产的员工的公司，还是推动医疗改革的公司？

统一分布式团队的方向和行动节奏，可以帮助你在更大的范围内灵活地解决当地问题。本章开头的技术专家和企业高管的讨论观点应该已经表明了其重要性。尽管数字技术正在改变人与人之间、机构与人之间、政府与机构之间长期存在的社会契约，但这两个关键群体，即监管机构（政府）和非政府组织的行为依然是风向标。

你需要考虑与你的领导团队和领域专家共同制定你的战略意图，为什么？有一句与设计思维有关的格言是："众人拾柴火焰高。"VUCA 数字世界是错综复杂的，你可能会错过其他人注意到的关键问题。

每个人都需要从思维模式开始转变。**想要做出大胆的、创造性的举措将需要你用创造力替代生产力。**思维模式其实是很容易被忽视的，因为这个词听起来很柔和。你肯定做得到，但在那之前，先花点时间思考：我想知道是否……我想知道如何……如何/什么可以……？

从概念上来说，你现在所需要做出的改变与你的前辈们在过去三次划时代的变革中必须做出的改变并没有什么不同。他们从关注精度到关注标准，从关注机器到关注人，从单个工件的可接受质量到生产差异的分阶段控制。思维方式的改变是他们所面临的最大障碍，因此，也不要低估你所面临的挑战。

在之前的时代过渡期，出现新的焦点并不意味着旧的关注点彻底消失，只是对它进行了补充（是的，只是把它推到了一个不太突出的位置）。因此，对误差间隙的关注并不意味着放弃了衡量精度的千分尺，它只是强调了千分尺应该在必要时被使用，而不是默认必须使用。同样地，在数字时代，对创造力的关注并不意味着你不必再关心生产力，它想说明的是，在需要创造力的地方，创造力——而不是生产力——才是默认首选项。

你还需要审视你的那些关于创造力、发明或创新的想法。通过五个假设的视角来看待每一项，它们将帮助你更好地回答"我想知道是否……我想知道如何……如何/什么可以……"的问题。哪些机会和问题会浮出水面？哪里需要灵活性？由谁来做？要花多少钱？你必须在哪里（与他人）同步？为什么？

最后，利用七大错误来确定你的最大风险点。鉴于许多数字技术的新颖性和 VUCA 世界的复杂性，追求大胆的目标所承受的风险比将现有任务自动化的风险要大得多。追问自己："这种风险值得承担吗？"对大多数人来说，答案可能是肯定的。接着问："我们要如何防范它？"

一位 CEO 曾对我的学生说过："如果要在做小事和做大事之间做出选择，那就选择大事吧，这只需多花一点精力。"好话要牢记在心。

LEADING IN THE DIGITAL WORLD

第四部分

去往何处

在那里,心是无畏的,头也抬得高昂;

在那里,知识是自由的;

……

在那里,话来自真理的深处;

在那里,不懈地努力向着"完美"伸臂;

在那里,理智的清泉没有沉没在积习的荒漠之中……

——拉宾德拉纳特·泰戈尔,《吉檀迦利》

第 11 章 | 确立个人的领导哲学

至此,这本书的内容已经涵盖了诸多方面,而这最后一章意在指导你如何来选择性地吸收、消化它们。

我们先从"个人领导哲学"开始讲起。"个人领导哲学"是一份需要自行起草的方针。它存在的主要目的是帮助你反思自己带领团队的方式,你也可以直接引用里面的内容来向其他人介绍你作为领导者的工作理念。

优先级训练(第一部分)

1. 在第 4 章中,我提到过迈克尔·瓦金斯和我共同收集了一些数据。数据显示,位于中层的管理者们平均会在中层区间的不同职位上任职两到三年,管理经验随着在每个职位上的时长而不同。但其中是否有可以贯穿你整个管理生涯的理念?目前来看,有哪些想法是你必须要补充进去的?在你结束了在目前职位上两三年的任期并离开后,人们会记住你的哪些特征?

我们可以通过回答以上三个问题来确立自己的"个人领导哲学"。它描述的不是你的成就,而是你的领导方式与理念。每一条理念都能以"我相信……"开头,随之附上你的理由。内容一定保持简短,总共不要超过一页。现在,让我们暂时忘掉这本书的其他内容,并集中注意力,尝试将你的优先级分为三档:(1)必须执行的;(2)重要的;(3)暂不考虑的。

2. 思考本书中描述的企业失败案例,或与你的公司以及所在行业相关度更高的其他案例,假若你是当事人,你的个人领导哲学能否发挥出应有的作用?你的理念有动摇吗?你能得到什么教训?你是否需要更新你的理念?

创造型领导力的本质

通过总结之前所有章节中的思维方式、技能和行动,我们可以意会出一个相对完整的创造型领导者形象。

创造型领导者们明白,他们所处的环境是极其不稳定的、充满了不确定性和复杂性,甚至有一些难以被定义的现象。数字技术使很多行业的商业模式发生了转变,并且这种影响正在扩大、蔓延。若是以前,谁能想到中国对铜的需求能影响到一个与其完全不相关的企业的利润呢?

创造型领导者们常怀着富有创造力的心态,他们会抛弃那些老旧的观念,拥抱如今这个高度连接的新世界。他们认识到许多首席执行官谨小慎微的行动过于保守,从而选择鼓起勇气开创全新的未来。他们了解并基于"五个假设"行事,并认识到数字技术可能会产生不可预见的后果。但他们坚定的价值观和对道德消退的警惕,帮助他们的组织避免了正在席卷全球企业的危机。

创造型领导者重视知识的广度、想象力和快速学习,他们承担了大多数人所回避的责任,愿意去填补专业领域之间的鸿沟。他们质疑已知的东西,愿意放弃所学、反思并重新学习。

他们不愿意做小作坊里墨守成规又低调的推进者,而是投身成为创意社区里的一员。此外,他们对团队成员的选择不再基于面试者已经掌握的技能内容,而是更倾向于招入好学、能学和更具有发展潜力的人员。

他们具有包容性和同理心,他们会设定能吸引多样化创意型人才的绩效机制。他们建立跨文化的信任,努力将人们联系起来。

创造型领导者不是只关注自己想法的专制者,他们会向人们寻求建议。他们会构建吸引人们加入的合伙制度,合理分配责任,并通过调整战略来激励大家共同努力。

他们确保信息能够在他们的网络中自由流动,并让人们养成寻求帮助和给予帮助的习惯。当人们学会用敬语提问后,让人有安全感的心理环境能带来具有诚意和创造性的结果。

优先级训练(第二部分)

1. 拿创造型领导者的特征和自己进行对比,你在哪方面做得好,你的短板又在哪?你可以仔细揣摩前面章节中描述过的特质,这一章的总结只是为了便于你理解,真正该斟酌的内容都在前面的章节里。

这一章节的部分评估内容,在没有帮助的情况下很难客观地完成。例如,你如何感知你的员工是否处于心理舒适区?另一个具有挑战性的自我评估领域是：你是否愿意改变你的想法。因此，在环境允许的情况下，请向你的导师、同行甚至是向那些有足够信心"进谏"的下属寻求帮助。

2. 在目前的环境中，你在哪些关键地方做得还不够好？

3. 一般人只能同时处理一到三个重大变化。因此，你必须把发展内容的先后顺序排好，不然会压力过大。所有章节的讨论大致分为三个部分：思维模式、行为模式和承受力、行动内容。思维模式通常在每章的前半部分，行动内容则在后半部分，而关于行为模式和承受力的讨论则贯穿全文。

选择相辅相成的思维模式、行为模式和承受力、行动内容来进行工作。举个例子，如果你选择"建立你内心的安全感是我的责任"（思维模式），那么"谨慎选择措辞很重要"（行为模式和承受力）和"消弭知识的鸿沟"（行动内容）就可能是适当的工作。与此相反的是，"沟通你的战略意图"可能应该被推迟到另一个时间进行，因为它不会对建立心理安全做出贡献。

4. 将你的选择加入你的个人领导力理念中。同时决定在什么情形下去处理没有优先级的要求。

5. 制订一个关于如何落实新决议的计划。比如，如果你需要大幅改善你在心理安全建设方面的工作，你就得认识到人们不会从一开始就信任你。因此当你第一次出现了纰漏时（这是不可避免的），他们会认为你又回到了以前的状态。任命一位可以公开挑战你的"魔鬼代言人"可能会对此有所帮助。那么，你会给这个人提供什么样的指导？你将如何向你的下属介绍这个人？关于其他的一系列选择也可以按这个逻辑来做。

6. 与一位能提供最真实反馈的导师讨论你的决定。

最后一个词：为什么？

在你的个人领导力理念中融入"创造型领导者"的要素，会让你更好地应对组织的挑战与机遇。此外，还有两个你应该这么做的理由。

理由一：如果你是位聪明人，或者我假设你是，那么你的国家甚至整个世界都需要你这样做。因为数字技术以非常令人不安的方式与现今的挑战紧密地交织在了一起。这使它们除了加剧经济不平等之外，还使组织能够窥探人们的想法并影响他们的行为。在一些国家中，当失望的公民向有权有势的政客寻求帮助时，却碰到政客们利用这些技术来应付他们的情况。[1]

诺贝尔经济学奖得主约瑟夫·斯蒂格利茨（Joseph Stiglitz）发表过一篇文章，谈到了美国当下的一些问题，这些问题同样也发生在很多其他国家。[2] 斯蒂格利茨教授并不是唯一一个提出这些问题的人，很多其他人也提出了类似的观点。我选择他作为例子是因为他简短有力地总结了关键问题。

美国经济情况使其公民失望……年轻一代的美国人对他们父母的收入和教育的依赖胜过其他任何地方。

……我们确实可以引导市场的力量为社会服务。

美国创造了第一个真正意义上的中产阶级社会；而现在，公民们已经离中产的生活水平越来越遥不可及。

……我们忘记了一个国家真正的财富是其人民的创造力和革新

能力，我们把创造财富的艰苦工作与攫取财富（或经济学家所说的寻租）混为一谈，并且我们有太多有才华的年轻人响应了快速致富的号召。

除非企业领导者接受"创造型领导者"的模式，否则斯蒂格利茨关于必须改变的强有力的号召将化为乌有。在行政高管教育和 MBA 课程中，我毫不吝啬地说道："当阶层跌落的那些人拿着干草叉来的时候，他们会来找你和我的。因为这个世界是我们造成的，而他们正在付出代价。"紧接着，我会问："你能做些什么？"对于那些 MBA 的学生，我补充说道，我支持他们成为富豪，前提是他们开发的是改善世界的业务，而不是开发下一个令人上瘾的糖果粉碎机或愤怒的小鸟 APP。

理由二：我们正面临着一个前所未有的机会。尽管 20 世纪的世界各国都反复寻求"携手共进"，但它实际上只意味着特定组织间的合作。而 21 世纪正在寻求并且是更热切地寻求所有人齐心协力。这一次，可能真正意味着"所有"组织将展开合作。在一个崇拜生产力的世界里，每个人都是一个可被替换的齿轮；但在尊重创造力的世界里，每个人都值得被关注。

有多少群体做出了（潜在的）巨大的贡献，而他们仍身处被大家忽视的阴影之中？数字世界有能力将他们带到聚光灯下。但它的力量是否能被合理利用，将最终取决于你。如果你不愿意去掉社会蒙在你眼睛上的关于"传统模式"的眼罩，你就不可能成为一个真正的领导者。如果你摘掉它，你将接触到你的前辈们从未接触过的人才资源库。

最后的最后,为什么?

总得有人以怀疑的态度去追求宏伟的想法,帮助人类面对各种挑战和机遇。而那个人可能就是你。

或者更好的是,有很多很多像你一样的人需要伙伴进行合作。如果你没能成功,那也不会对你造成实质性的伤害。但如果你成功了,世界会因你而变得更美好,同时你也会遇见那个理想的自己。

不想赌一把吗?

注 释

第1章

1. Ramchandran Jaikumar, From Filing and Fitting to Flexible Manufacturing: A Study in the Evolution of Process Control, Foundations and Trends(R) in Technology, Information and Operations Management 1, no. 1 (2005): 1–120, https://ideas.repec.org/a/now/fnttom/0200000001.html.

2. Joyce Shaw Peterson, American Automobile Workers, 1900–1933 (Albany: State University of New York Press,1987).

3. Peter Nulty and Karen Nickel, America's Toughest Bosses, Fortune, February 27, 1989, http://archive.fortune.com/magazines/fortune/fortune_archive/1989/02/27/71677/index.htm.

4. Brian Dumaine and Rosalind Berlin, America's Toughest Bosses, Fortune, October 18, 1993, http://archive.fortune.com/magazines/fortune/fortune_archive/1993/10/18/78470/index.htm.

5. Daniel Goleman, When the Boss Is Unbearable, New York Times, December 28, 1986, https://www.nytimes.com/1986/12/28/business/when-the-boss-is-unbearable.html.

6. In September 2018, Harvard Business School Press confirmed the case and video had been a part of its catalog and have long been withdrawn.

7. Hara Marano, When the Boss Is a Bully, Psychology Today, September 1, 1995, https://www.psychologytoday.com/us/articles/199509/when-the-boss-is-bully.

8. Alex Hailey, Wheels (New York: Doubleday, 1971).

9. David Garvin, Quality on the Line, Harvard Business Review, September 1983.

10. Kim B. Clark and Takahiro Fujimoto, Product Development Performance: Strategy, Organization, and Management in the World Auto Industry (Boston: Harvard Business Review Press, 1991).

11. Richard Pascale and Anthony Athos, The Art of Japanese Management (New York: Warner Books, 1982).

12. Matthias Weiss and Martin Hoegl, The History of Teamwork's Societal Diffusion: A Multi-Method Review, Small Group Research 46, no. 6 (2015): 589–622, https://doi.org/DOI:10.1177/1046496415602778.

第2章

1. Daniel M. Wegner and David J. Schneider, The White Bear Story, Psychological Inquiry 14, no. 3–4 (2003): 326–29.

2. George Lakoff and Mark Johnson, Metaphors We Live By (Chicago: University of Chicago Press, 1980).

3. Richard Foster, Innovation: The Attacker's Advantage (New York: Summit Books, 1986).

4. Devendra Sahal, Patterns of Technological Innovation (Reading, MA: AddisonWesley, 1981).

5. Joseph Bower and Clayton Christensen, Disruptive Technologies: Catching the Wave,Harvard Business Review, January–February 1995.

6. Clayton Christensen, Michael Raynor, and Rory McDonald, What Is Disruptive Innovation?, Harvard Business Review, December 2015.

7. KPMG, The Pulse of Fintech 2018, updated February 2018, https://assets.kpmg/content/dam/kpmg/xx/pdf/2018/07/h1-2018-pulse-of-fintech.pdf.

KPMG, The Pulse of Fintech 2016, February 2017, https://assets.kpmg/content/dam/kpmg/xx/pdf/2017/02/pulse-of-fintech-q4-2016.pdf.

United Nations, Nominal GDP Data, https://unstats.un.org/unsd/snaama/Index.

8. Jessica Haywood, Patrick Mayock, Jan Freitag, et al., Airbnb & Hotel Performance, STR (2017), http://www.str.com/Media/Default/Research/STR_AirbnbHotelPerformance.pdf.

9. Joyce E. Cutler, Airbnb Paying Taxes in 275 Jurisdictions Worldwide, Bloomberg News, April 18, 2017, https://web.archive.

org/web/20180827234758/https://www.bna.com/airbnb-paying-taxes-n57982086807.

10. W. Chan Kim and Renee Mauborgne, Blue Ocean Strategy (Boston: Harvard Business School Press, 2005).

11. Pui-Wing Tam, How Silicon Valley Came to Be a Land of Bros, New York Times, February 5, 2018, https://www.nytimes.com/2018/02/05/technology/silicon-valley-brotopia-emily-chang.html.

12. Many industry executives and professionals and my own experiences provided inputs for this and the next section. Dr. Amitabha Chaudhuri, Chief Technology Officer of MedGenome, and formerly a research scientist at Genentech, Yale, and Harvard, provided extensive guidance. Any remaining errors are mine. For a complementary perspective, see Julian Birkinshaw, Ivanka Visnjic, and Simon Best, Responding to a Potentially Disruptive Technology: How Big Pharma Embraced Biotechnology, California Management Review 60, no. 4 (2018): 74–100.

13. John C. Alexander and Daniel E. Salazar, Modern Drug Discovery and Development, chap. 25 in Clinical and Translational Science, ed. David Robertson and Gordon H. Williams (Amsterdam: Elsevier, 2009), 361–380.

14. The Human Genome Project Completion: Frequently Asked Questions, https://www.genome.gov/11006943/human-genome-project-completion-frequently-asked-questions.

15. John C. Alexander and Daniel E. Salazar, Modern Drug

Discovery and Development, chap. 25 in Clinical and Translational Science, ed. David Robertson and Gordon H. Williams (Amsterdam: Elsevier, 2009), 361–380.

16. Gunter Festel Alexander Schicker, and Roman Boutellier, Performance Improvement in Pharmaceutical R&D through New Outsourcing Models, Journal of Business Chemistry 7, no. 2 (2010): 89–96.

17. Personal contact with executives and scientific professionals (2001–2010). This information is no longer subject to nondisclosure agreements.

18. Ramasastry Chandrashekhar and J. Robert Mitchell, Boehringer Ingleheim: Leading Innovation.

19. Polina Bochukova and Donald A. Marchand, Digital Transformation at Novartis to Improve Customer Engagement.

20. James Frederick, GSK Conference Explores Internet, Supply Chain, Drug Store News, June 17, 2002.

21. Edwin Lopez, The Drug Supply Chain Security Act: A Progress Report, Supply Chain Dive, April 23, 2018, https://www.supplychaindive.com/news/Drug-Supply-Chain-Security-Act-progress-serialization-spotlight/521862.

22. The DSCSA Pharmaceutical Serialization Deadline Looms, https://www.datexcorp.com/the-dscsa-pharmaceutical-serialization-deadline-looms.

23. Laurie Sullivan, FDA Approves RFID Tags for Humans,

InformationWeek, October 14, 2004, https://www.informationweek.com/fda-approves-rfid-tags-for-humans/d/d-id/1027823.

24. Beth Bacheldor, AMA Issues Ethics Code for RFID Chip Implants, RFID Journal, July 17, 2007, https://www.rfidjournal.com/articles/view?3487/2.

25. FDA Approves Pill with Sensor That Digitally Tracks If Patients Have Ingested Their Medication, News Release, November 13, 2017, https://www.fda.gov/newsevents/newsroom/pressannouncements/ucm584933.htm.

26. Jody Rosen, The Knowledge, London's Legendary Taxi-Driver Test, Puts Up a Fight in the Age of GPS, New York Times Style Magazine, November 10, 2014.

27. Hewlett Foundation Sponsors Prize to Improve Automated Scoring of Student Essays, https://hewlett.org/newsroom/hewlett-foundation-sponsors-prize-to-improve-automated-scoring-of-student-essays.

28. Tovia Smith, More States Opting to "Robo-Grade" Student Essays by Computer, National Public Radio, June 30, 2018, https://www.npr.org/2018/06/30/624373367/more-states-opting-to-robo-grade-student-essays-by-computer.

29. Julie Bort, How IBM Watson Saved the Life of a Woman Dying from Cancer, Exec Says, Business Insider, December 7, 2016, https://www.businessinsider.com/how-ibm-watson-helped-cure-a-womans-cancer-2016-12.

30. Peerzada Abrar, IBM's Supercomputer Helps Doctors to Fight Cancer, The Hindu, August 7, 2016, https://www.thehindu.com/business/IBM's-Supercomputer-helps-doctors-to-fight-cancer/article14556945.ece.

31. Yonghui Wu, Mike Schuster, Zhifeng Chen, et al., Google's Neural Machine Translation System: Bridging the Gap between Human and Machine Translation, https://arxiv.org/abs/1609.08144#.

32. Fredric Lardinois, Google Brings Offline Neural Machine Translations for 59 Languages to Its Translate App, TechCrunch, June 12, 2018, https://techcrunch.com/2018/06/12/google-brings-offline-neural-machine-translation-for-59-languages-to-its-translate-app.

33. Linda Carroll, Google Translate Mostly Accurate in Test with Patient Instructions, Reuters, February 25, 2019, https://www.reuters.com/article/us-health-translations/google-translate-mostly-accurate-in-test-with-patient-instructions-idUSKCN1QE2KB.

34. Elaine Khoon, Assessing the Use of Google Translate for Spanish and Chinese Translations of Emergency Department Discharge Instructions, Journal of the American Medical Association, February 25, 2019, https://jamanetwork.com/journals/jamainternalmedicine/article-abstract/2725080.

35. Tim O'Reilly, What Will Our Lives Be Like as Cyborgs?, The Atlantic, October 27, 2017, https://www.theatlantic.com/technology/archive/2017/10/cyborg-future-artificial-intelligence/543882.

36. Steve Viscelli, Driverless? Autonomous Trucks and the Future

of the American Trucker, http://driverlessreport.org.

37. Alexis Madrigal, Could Self-Driving Trucks Be Good for Truckers?, The Atlantic, February 1, 2018,https://www.theatlantic.com/technology/archive/2018/02/uber-says-its-self-driving-trucks-will-be-good-for-truckers/551879.

38. Rory McDonald and Suresh Kotha, Boeing 787: Manufacturing a Dream. These companies produced the hardware; several others created the software.

39. Suresh Kotha, Boeing 787: The Dreamliner.

40. Pierre Zahnd, 3D Printing in the Automotive Industry, 3D Printing Industry, May 10, 2018, https://3dprintingindustry.com/news/3d-printing-automotive-industry-3-132584.

41. Brian Krassenstein, 20,000 3D Printed Parts Are Currently Used on Boeing Aircraft as Patent Filing Reveals Further Plans, https://3dprint.com/49489/boeing-3d-print.

42. Adam Jezard, One-Quarter of Dubai's Buildings Will Be 3D Printed by 2025, World Economic Forum, May 15, 2018, https://www.weforum.org/agenda/2018/05/25-of-dubai-s-buildings-will-be-3d-printed-by-2025.

43. Jack Morley, Architects: Here's the Problem with 3D-Printed Buildings, Architizer, 2015, https://architizer.com/blog/practice/details/3d-printed-buildings-future-or-gimmick.

44. Jezard: "A quarter of Dubai's buildings will be 3d printed by 2025."

45. Matthew Shaer: "Soon, your doctor could print a human organ on demand."

46. Chris Welch, Google Just Gave a Stunning Demo of Assistant Making an Actual Phone Call, The Verge, May 8, 2018, https://www.theverge.com/2018/5/8/17332070/google-assistant-makes-phone-call-demo-duplex-io-2018.

47. R. Douglas Fields, Wristband Lets the Brain Control a Computer with a Thought and a Twitch, Scientific American, March 27, 2018, https://www.scientificamerican.com/article/wristband-lets-the-brain-control-a-computer-with-a-thought-and-a-twitch.

48. Andreas Dür, Leonardo Baccini, and Manfred Elsig, The Design of International Trade Agreements: Introducing a New Dataset, The Review of International Organizations 9, no. 3 (2014): 353–375.

49. WTO, World Trade Statistical Review 2018, https://www.wto.org/english/res_e/statis_e/wts2018_e/wts2018_e.pdf.

50. Dylan Martin, GE Digital's Predix Now Supports Low-Latency, Offline Iot Deployments, CRN, November 1, 2018, https://www.crn.com/news/internet-of-things/ge-digital-s-predix-now-supports-low-latency-offline-iot-deployments.

51. Charles Rollet, Ecuador's All-Seeing Eye Is Made in China, Foreign Policy, August 8, 2018, https://foreignpolicy.com/2018/08/09/ecuadors-all-seeing-eye-is-made-in-china.

52. Raquel Carvalho, In Latin America, Big Brother China Is Watching You, South China Morning Post, December 21, 2018, https://

www.scmp.com/week-asia/geopolitics/article/2178558/latin-america-big-brother-china-watching-you.

53. Kevin Vick, The Right to Be Forgotten, http://www.medialaw.org/component/k2/item/3994-the-right-to-be-forgotten.

54. Michal Kosinskia, David Stillwella, and Thore Graepel, Private Traits and Attributes Are Predictable from Digital Records of Human Behavior, Proceedings of the National Academy of Sciences 110, no. 15 (2013), 5802–5805.

第3章

1. Who First Originated the Term VUCA?, http://usawc.libanswers.com/faq/84869.

2. Daniel Kahneman, Thinking Fast and Slow (New York: Farrar, Straus, and Giroux, 2013).

3. Joanne Cantor, Flooding Your Brain's Engine: How You Can Have Too Much of a Good Thing, Psychology Today, February 27, 2011, https://www.psychologytoday.com/us/blog/conquering-cyber-overload/201102/flooding-your-brain-s-engine-how-you-can-have-too-much-good. Also, Kahneman, Thinking Fast and Slow.

4. Ashadun Nobi, Sungmin Lee, Doo Hwan Kim, et al., Correlation and Network Topologies in Global and Local Stock Indices, Physics Letter A378, no. 34 (July 4, 2014): 2482–2489.

5. Bentian Li and Dechang Pi, Analysis of Global Stock Index Data during Crisis Period via Complex Network Approach, PLoS One 13, e0200600, no. 7 (2018), https://www.ncbi.nlm.nih.gov/pmc/articles/

PMC6051609/#sec011title.

6. Charles D. Brummitt and Teruyoshi Kobayashi, Cascades in Multiplex Financial Networks with Debts of Different Seniority, Physical Review E 91, no. 062813 (June 24, 2015), https://journals.aps.org/pre/pdf/10.1103/PhysRevE.91.062813.

7. Modeling How Contagion Spreads in a Financial Crisis, https://datascience.columbia.edu/modeling-how-contagion-spreads-financial-crisis.

8. Andrew Sheng, Financial Crisis and Global Governance: A Network Analysis, http://siteresources.worldbank.org/EXTPREMNET/Resources/489960-1338997241035/Growth_Commission_Working_Paper_67_Financial_Crisis_Global_Governance_Network_Analysis.pdf.

9. Camelia Minoiu, Chanhyun Kang, V.S. Subrahmanian, et al., Does Financial Connectedness Predict Crises?, Quantitative Finance 15, no. 4 (2015): 607–624.

10. Sigríður Benediktsdóttir, Gauti BergÞóruson Eggertsson, and Eggert Þórarinsson, The Rise, Fall, and Resurrection of Iceland: A Postmortem Analysis of the 2008 Financial Crisis, Brookings Papers on Economic Activity, https://www.brookings.edu/wpcontent/uploads/2018/02/benediktsdottirtextfa17bpea.pdf.

11. J. R. Minkel, The 2003 Northeast Blackout—Five Years Later, Scientific American, August 13, 2008, https://www.scientificamerican.com/article/2003-blackout-five-years-later.

第4章

1. Gustavo Tavares, Filipe Sobral, Rafael Goldszmidt, et al., Opening the Implicit Leadership Theories' Black Box: An Experimental Approach with Conjoint Analysis, Frontiers in Psychology, February 7, 2018.

2. Pankaj Ghemawat and Herman Vantrappen, How Global Is Your C-Suite?, Sloan Management Review, Summer 2015.

3. Corporate Executive Board Global Labor Market Survey, Q3 2012; Russell Reynolds Associates, Asia Leadership Survey, 2012.

4. J. Stewart Black and Alan Morrison, The Japanese Global Leadership Challenge: What It Means for the Rest of the World, Asia Pacific Business Review 18, no. 4 (2012): 551–566.

5. Naoyuki Iwatani, Gordon Orr, and Brian Salsberg, Japan's Globalization Imperative, McKinsey Quarterly, June 2011.

6. Justin Wolfers, Fewer Women Run Big Companies Than Men Named John, New York Times, March 2, 2015, https://www.nytimes.com/2015/03/03/upshot/fewer-women-run-big-companies-than-men-named-john.html?_r=0.

7. Heidrick & Struggles Route to the Top, https://www.heidrick.com/Knowledge-Center/Publication/Route_to_the_Top_2018.

8. Daniel Goleman, Leadership That Gets Results, Harvard Business Review, March–April 2000.

9. David Weinberger, "Powering Down" Leadership in the U.S. Army, Harvard Business Review, November 2010.

10. Devin Hargrove and Sim Sitkin, Next Generation Leadership Development in a Changing and Complex Environment: An Interview with General Martin E. Dempsey, Academy of Management Learning & Education 10, no. 3 (2011): 528–533.

11. Stanley McChrystal, Tantum Collins, David Silverman, et al., New Rules of Engagement for a Complex World (New York: Portfolio/Penguin, 2015).

12. David J. Armstrong and Paul Cole, Managing Distances and Differences in Geographically Distributed Work Groups, in Distributed Work, ed., Pamela Hinds and Sara Kiesler (Cambridge: MIT Press, 2002), 167–189.

13. Cristina Gibson, Laura Huang, Bradley Kirkman, et al., Where Global and Virtual Meet: The Value of Examining the Intersection of These Elements in Twenty-First-Century Teams, Annual Review of Organizational Psychology and Organizational Behavior, no. 1 (2014): 217–244.

14. Faaiza Rashid and Amy Edmondson, Risky Trust: How Teams Build Trust Despite High Risk, Rotman Magazine, Spring 2012.

15. Catherine Cramton and Pamela Hinds, An Embedded Model of Cultural Adaptation in Global Teams, Organization Science 25, no. 4 (2014): 1056–1081.

16. Amit Mukherjee, The Effective Management of Organizational Learning and Process Control in the Factory.

17. Karen Christensen, Thought Leader Interview: Amy

Edmondson, Rotman Magazine, Winter 2013.

第5章

1. Samuel Palmisano, The Global Enterprise, Foreign Affairs, October 14, 2016, https://www.foreignaffairs.com/articles/2016-10-14/global-enterprise.

2. David A. Thomas, Diversity as Strategy, Harvard Business Review, September 2004.

3. Rosabeth Moss Kanter, IBM in the 21st Century: The Coming of the Globally Integrated Enterprise.

4. Developing Global Leadership, IBM white paper, February 2010, https://www.ibm.com/downloads/cas/K7EWX39G.

5. The IBMer, IBM Corporate Responsibility Report, 2012, https://www.ibm.com/ibm/responsibility/2012/bin/downloads/ibm_crr2012_the_ibmer.pdf.

6. Douglas Ready and M. Ellen Peebles, Developing the Next Generation of Enterprise Leaders, Sloan Management Review, Fall 2015.

7. Personal conversations with current and former Unilever executives in Asia.

8. East Asians Less Likely to Occupy Leadership Roles Than South Asians at US Companies, Asia Society Survey Finds, https://asiasociety.org/media/east-asians-less-likely-occupy-leadership-roles-south-asians-us-companies-asia-society-survey-.

9. Winter Nie, Daphne Xiao, and Jean-Louis Barsoux, Rethinking the East Asian Leadership Gap, Sloan Management Review, Summer 2017.

10. Leadership Development & Performance Management, https://web.archive.org/web20170403222638/http://www.jnj.com/caring/citizenship-sustainability/leadership-development-and-performance-management.

11. Change Waits for No One—We Shape the Future, https://www.daimler.com/career/about-us/culture-benefits/leadership-2020/.

12. Hope King, Salesforce CEO: I Didn't Focus on Hiring Women Then. But I Am Now, CNN Business, June 12, 2015, https://money.cnn.com/2015/06/12/technology/salesforce-ceo-women-equal-pay/index.html.

13. Niclas Erhardt, James Werbel, and Charles Shrader, Board of Director Diversity and Firm Financial Performance, Corporate Governance: An International Review 11 (2003): 102–111.

14. Kevin Campbell and Antonio Mínguez-Vera, Gender Diversity in the Boardroom and Firm Financial Performance, Journal of Business Ethics 83, no. 3 (2008): 435–51.

15. Mijntje Lückerath-Rovers, Women on Boards and Firm Performance, Journal of Management & Governance 17, no. 2 (May 2013): 491–509.

16. Larelle Chapple and Jacquelyn Humphrey, Does Board Gender Diversity Have a Financial Impact? Evidence Using Stock Portfolio

Performance, Journal of Business Ethics 122, no. 4 (2014): 709–723.

17. Stephen Bear, Noushi Rahman, and Corrine Post, The Impact of Board Diversity and Gender Composition on Corporate Social Responsibility and Firm Reputation, Journal of Business Ethics 97, no. 2 (2010): 207–221.

18. Pnina Shachaf, Cultural Diversity and Information and Communication Technology Impacts on Global Virtual Teams: An Exploratory Study, Information and Management 45, no. 2 (March 2008): 131–142.

19. Vivian Hunt, Sara Prince, Sundiatu Dixon-Fyle, et al., Delivering through Diversity, McKinsey Global Institute, January 2018, https://www.mckinsey.com/~/media/mckinsey/business%20functions/organization/our%20 insights/delivering%20through%20diversity/delivering-through-diversity_full-report.ashx.

20. Naoyuki Iwatani, Gordon Orr, and Brian Salsberg, Japan's Globalization Imperative, McKinsey Quarterly, June 2011.

21. Nitasha Tiku, Google Ends Forced Arbitration after Employee Protest, Wired, February 21, 2019, https://www.wired.com/story/google-ends-forced-arbitration-after-employee-protest.

22. Jena McGregor, Google Has Fired the Employee behind That Controversial Diversity Manifesto, Washington Post, August 7, 2017, https://www.washingtonpost.com/news/on-leadership/wp/2017/08/07/a-googlers-manifesto-is-the-hr-departments-worst-nightmare/?utm_term=.5757a67c700c.

23. Clive Thompson, The Secret History of Women in Coding, New York Times Magazine, February 13, 2019, https://www.nytimes.com/2019/02/13/magazine/women-coding-computer-programming.html?searchResultPosition=1.

24. US Department of Labor Statistics, https://www.dol.gov/wb/stats/NEWSTATS /latest.htm#LFPRates.

25. National Center for Education Statistics, https://nces.ed.gov/programs/digest/d12/tables/dt12_349.asp.

26. Clive Thompson, The Secret History of Women in Coding, New York Times Magazine, February 13, 2019, https://www.nytimes.com/2019/02/13/magazine/women-coding-computer-programming.html?searchResultPosition=1.

27. Jane Margolis and Allan Fisher, Unlocking the Clubhouse: Women in Computing (Cambridge: MIT Press, 2002).

28. Emma Featherstone, Why Women in Stem May Be Better off Working in India and Latin America, Guardian, June 24, 2015, https://www.theguardian.com/guardian-professional/2015/jun/24/why-women-in-stem-may-be-better-off-working-in-india-and-latin-america.

29. Peerzada Abrar, Rise, and Rise, of the Women Who Code, The Hindu, March 28, 2016, https://www.thehindu.com/business/Industry/rise-and-rise-of-the-women-who-code/article8402484.ece.

30. Clive Thompson, The Secret History of Women in Coding, New York Times Magazine, February 13, 2019, https://www.nytimes.com/2019/02/13/magazine/women-coding-computer-programming.

html?searchResultPosition=1.

31. Yonatan Zunger, So, about This Googler's Manifesto, https://medium.com/@yonatanzunger/so-about-this-googlers-manifesto-1e3773ed1788.

32. Jonathan Woetzel, Anu Madgavkar, Kweilin Ellingrud, et al., How Advancing Women's Equality Can Add $12 Trillion to Global Growth, https://www.mckinsey.com/featured-insights/employment-and-growth/how-advancing-womens-equality-can-add-12-trillion-to-global-growth.

33. Vivian Hunt, Sara Prince, Sundiatu Dixon-Fyle, et al., Delivering through Diversity, McKinsey Global Institute, January 2018, https://www.mckinsey.com/~/media/mckinsey/business%20functions/organization/our%20 insights/delivering%20through%20diversity/delivering-through-diversity_full-report.ashx.

34. Tsedal Neeley, Global Teams That Work, Harvard Business Review, October 2015.

35. Stephen Turban, Dan Wu, and Letian (LT) Zhang, When Gender Diversity Makes Firms More Productive, Harvard Business Review, February 11, 2019.

36. Vijay Govindrajan and Anil K. Gupta, Building an Effective Global Business Team, Sloan Management Review, Summer 2001.

37. Ara Norenzayan, Explaining Human Behavioral Diversity, Science 332, no. 6033 (May 27, 2011): 1041–1042.

38. Jesse Harrington and Michele Gelfand, Tightness-Looseness

across the 50 United States, Proceedings of the National Academy of Sciences 111, no. 22 (2014): 7990–7995.

39. Janet Bennett and Milton Bennett, Developing Intercultural Sensitivity: An Integrated Approach to Global and Domestic Diversity, http://www.diversitycollegium.org/pdf2001/2001Bennettspaper.pdf.

40. Personal contact with executives and scientific professionals (2001–2010). This information is no longer subject to non-disclosure agreements.

41. Peter Kuhn and Marie-Claire Villeval, Are Women More Attracted to Cooperation Than Men?, The Economic Journal 125, no. 582 (February 2015): 115–140.

42. Eduardo Araújo, Nuno Araújo, André Moreira, et al., Gender Differences in Scientific Collaborations: Women Are More Egalitarian Than Men, PLoS One 12, no. 5 (2017): w0176791.

43. Bill Taylor, The Logic of Global Business: An Interview with ABB's Percy Barnevik, Harvard Business Review, March–April 1991.

44. W. Chan Kim and Renee Mauborgne, Procedural Justice, Attitudes, and Subsidiary Top Management Compliance with Multinationals' Corporate Strategic Decisions, Academy of Management Journal 36, no. 3 (1993): 502–526.

45. Tsedal Neeley and Thomas J. DeLong, Managing a Global Team: Greg James at Sun Microsystems, Inc. (a).

46. Daniel Kahneman, Thinking Fast and Slow (New York: Farrar, Straus and Giroux, 2013).

47. Jon J. Nordby, Can We Believe What We See, If We See What We Believe?—Expert Disagreement, Journal of Forensic Sciences 37, no. 4 (1992): 1115–1124.

48. Donna Chrobot-Mason and Nicholas Aramovich, The Psychological Benefits of Creating an Affirming Climate for Workplace Diversity, Group & Organization Management 38, no. 6 (2013): 659–689.

49. Eric Kearney, Diether Gebert, and Sven C. Voelpel, When and How Diversity Benefits Teams: The Importance of Team Members' Need for Cognition, Academy of Management Journal 52, no. 3 (2009): 581–598.

50. Scott Page, Making the Difference: Applying a Logic of Diversity, Academy of Management Perspectives 21, no. 4 (November 1, 2007).

51. Anthony G. Greenwald and Linda Hamilton Krieger, Implicit Bias: Scientific Foundations, California Law Review 94, no. 4 (2006): 945–967.

52. Adil H. Haider, Janel Sexton, and N. Sriram, Association of Unconscious Race and Social Class Bias with Vignette-Based Clinical Assessments by Medical Students, Journal of the American Medical Association 306, no. 9 (2011): 942–951.

53. Dana Kanze, Laura Huang, Mark A. Conley, et al., We Ask Men to Win and Women Not to Lose: Closing the Gender Gap in Startup Funding, Academy of Management Journal 61, no. 2 (2018):

586–614.

54. Victoria Brescoll and Eric Uhlmann, Can an Angry Woman Get Ahead? Status Conferral, Gender, and Expression of Emotion in the Workplace, Psychological Science 19, no. 3 (2008): 268–275.

55. Seval Gündemir, Astrid C. Homan, Carsten K. W. de Dreu, et al., Think Leader, Think White? Capturing and Weakening an Implicit ProWhite Leadership Bias, Plos One, January 8, 2014.

56. Michael Grothaus, How "Blind Recruitment" Works and Why You Should Consider It, Fast Company, March 14, 2016, https://www.fastcompany.com/3057631/how-blind-recruitment-works-and-why-you-should-consider.

第6章

1. Morton Hansen, IDEO CEO Tim Brown: T-Shaped Stars: The Backbone of IDEO's Collaborative Culture, Chief Executive Magazine, January 21, 2010, https://chiefexecutive.net/ideo-ceo-tim-brown-t-shaped-stars-the-backbone-ofideoaes-collaborative-culture__trashed.

2. Warren Benis and Robert Thomas, Crucibles of Leadership, Harvard Business Review, September 2002.

3. Boris Groysberg, L. Kevin Kelly, and Bryan MacDonald, The New Path to the C-Suite, Harvard Business Review, March 2011.

4. Michael Watkins, When Managers Become Leaders, Harvard Business Review, June 2012.

5. Daniel Kahneman, Thinking Fast and Slow (New York: Farrar,

Straus, and Giroux, 2013). My few sentences capture but simplify the essence of Kahneman's brilliant and highly readable work.

6. Amos Tversky and Daniel Kahneman, Availability: A Heuristic for Judging Frequency and Probability, Cognitive Psychology 5 (1973): 207–232.

7. Gabrielle Hogan, People Who Speak Multiple Languages Make the Best Employees, for One Big Reason, Quartz, March 9, 2017, https://qz.com/927660/people-who-speak-multiple-languages-make-the-best-employees-for-one-big-reason.

8. Boaz Keysar, Sayuri L. Hayakawa, and Sun Gyu An, The Foreign-Language Effect: Thinking in a Foreign Tongue Reduces Decision Biases, Psychological Science 23, no. 6 (June 2012): 661–668.

9. Robert Root-Bernstein, Lindsay B. Allen, Leighanna Beach, et al., Arts Foster Scientific Success: Avocations of Nobel, National Academy, Royal Society, and Sigma Xi Members, Journal of Psychology of Science and Technology 1, no. 2 (October 2008): 51–63.

10. Catherine Cramton and Pamela Hinds, An Embedded Model of Cultural Adaptation in Global Teams, Organization Science 25, no. 4 (2014): 1056–1081.

11. Gary Hamel and C. K. Prahalad, Strategic Intent, Harvard Business Review, July–August 2005.

第7章

1. Graham Allison and Philip Zelikow, Essence of Decision: Explaining the Cuban Missile Crisis (New York: Longman, 1999).

2. Kim B. Clark, The Interaction of Design Hierarchies and Market Concepts in Technological Evolution, Research Policy 14, no. 5 (October 1985): 235–251.

3. Li-Ling Hsu and Minder Chen, Impacts of ERP Systems on the IntegratedInteraction Performance of Manufacturing and Marketing, Industrial Management & Data Systems 104, no. 1: 42–55.

4. James Thompson, Organizations in Action (New York: McGraw-Hill, 1967).

5. Praveen Pinjani and Prashant Palvia, Trust and Knowledge Sharing in Diverse Global Teams, Information & Management 50, no. 4 (2013): 144–153.

6. Rory McDonald and Suresh Kotha, Boeing 787: Manufacturing a Dream.

7. A. Elangovan and Debra Shapiro, Betrayal of Trust in Organizations, Academy of Management Review 23, no. 3 (1998): 547–566.

8. Faaiza Rashid, and Amy Edmondson, Risky Trust: How Teams Build Trust Despite High Risk, Rotman Magazine, Spring 2012.

9. Brad Crisp and Sirkka Jarvenpaa, Swift Trust in Global Virtual Teams, Journal of Personnel Psychology 12, no. 1 (2013): 45–56.

10. David J. Armstrong and Paul Cole, Managing Distances and Differences in Geographically Distributed Work Groups, in Distributed Work, ed., Pamela Hinds and Sara Kiesler (Cambridge: MIT Press, 2002), 167–189.

11. Ranjay Gulati, Franz Wohlgezogen, and Pavel Zhelyazkov, The Two Facets of Collaboration: Cooperation and Coordination in Strategic Alliances, The Academy of Management Annals 6, no. 1 (2012): 531–583, https://doi.org/10.108 0/19416520.2012.691646.

12. Robert Axelrod, The Evolution of Cooperation (New York: Basic Books, 1984).

13. Julia Boorstin, The Best Advice I Ever Got, Fortune, March 21, 2005.

14. Gender wage gap, https://data.oecd.org/earnwage/gender-wage-gap.htm.

15. Elahe Izadi: "Michelle Williams got paid way less than her male co-star. It's a sad Hollywood tradition."

16. Morten Hansen, How John Chambers Learned to Collaborate at Cisco, Harvard Business Review, March 4, 2010.

17. Herminia Ibarra and Morten Hansen, Are You a Collaborative Leader?, Harvard Business Review, July 1, 2011.

18. A. Elangovan and Debra Shapiro, Betrayal of Trust in Organizations, Academy of Management Review 23, no. 3 (1998): 547–566.

19. Faaiza Rashid and Amy Edmondson, Risky Trust: How Teams Build Trust Despite High Risk, Rotman Magazine, Spring 2012.

20. Praveen Pinjani and Prashant Palvia, Trust and Knowledge Sharing in Diverse Global Teams, Information & Management 50, no. 4 (2013): 144–153.

21. Faaiza Rashid and Amy Edmondson, Risky Trust: How Teams Build Trust Despite High Risk, Rotman Magazine, Spring 2012.

22. Brad Crisp and Sirkka Jarvenpaa, Swift Trust in Global Virtual Teams, Journal of Personnel Psychology 12, no. 1 (2013): 45–56.

23. M. Travis Maynard, John E. Mathieu, Tammy L. Rapp, et al., Something(s) Old and Something(s) New: Modelling Drivers of Global Virtual Team Effectiveness, Journal of Organizational Behavior 3, no. 3 (April 12, 2012): 342–365.

24. Eric Jackson, The Seven Habits of Spectacularly Unsuccessful Executives, Forbes, January 2, 2012, https://www.forbes.com/sites/ericjackson/2012/01/02/the-seven-habits-of-spectacularly-unsuccessful-executives/#4865834e516b.

25. Amy Edmondson and Diana M. Smith, Too Hot to Handle? How to Manage Relationship Conflicts, California Management Review 49, no. 1 (Fall 2006): 6–31.

26. Roderick Swaab, Katherine Phillips, and Michael Schaerera, Secret Conversation Opportunities Facilitate Minority Influence in Virtual Groups: The Influence on Majority Power, Information Processing, and Decision Quality, Organizational Behavior and Human Decision Processes 133 (2016): 17–32.

27. Amy Edmondson, Strategies for Learning from Failure, Harvard Business Review, April 2011.

28. Karen Christensen, Thought Leader Interview: Amy Edmondson, Rotman Magazine, Winter 2013.

29. Polly Rizova, Are You Networked for Innovation?, Sloan Management Review, Spring 2006.

30. Rob Cross, Peter Gray, Shirley Cunningham, et al., The Collaborative Organization: How to Make Employee Networks Really Work, Sloan Management Review, October 1, 2010.

第8章

1. Ron Ashkenas, It's Time to Rethink Continuous Improvement, Harvard Business Review, May 8, 2012.

2. Charalampos Mainemelis, Ronit Kark, and Olga Epitropaki, Creative Leadership: A Multi-Concept Conceptualization, The Academy of Management Annals 9, no. 1 (2015): 393–482.

3. IBM, IBM 2010 Global CEO Study: Creativity Selected as Most Crucial Factor for Future Success, https://www-03.ibm.com/press/us/en/pressrelease/31670.wss.

4. Forrester Consulting, The Creative Dividend: How Creativity Impacts Business Results, https://landing.adobe.com/dam/downloads/whitepapers/55563.en.creative-dividends.pdf. This Adobe-sponsored study by Forrester Research of "managers and above who influence creative design software decisions" found fostering creativity paid off in revenue grown, market share, and employee satisfaction, but "61% of companies do not see their companies as creative".

5. Ronit Kark, Ella Miron-Spektor, Roni Gorsky, et al., Two Roads Diverge in a Yellow Wood: The Effect of Exploration and Exploitation

on Creativity and Leadership Development.

6. Jennifer Mueller, Jack Goncalo, and Dishan Kamdar, Recognizing Creative Leadership: Can Creative Idea Expression Negatively Relate to Perceptions of Leadership Potential?, Journal of Experimental Social Psychology 47, no. 2 (2011): 494–498.

7. Jennifer Mueller, Shimul Melwani, and Jack Goncalo, The Bias against Creativity: Why People Desire but Reject Creative Ideas, Psychological Science 23, no. 1 (2012): 13–17.

8. Robert Solow, We'd Better Watch Out, New York Times Book Review, July 12, 1987.

9. Daron Acemoglu, David Autor, David Dorn, et al., Return of the Solow Paradox? IT, Productivity, and Employment in US Manufacturing, American Economic Review: Papers & Proceedings 104, no. 5 (2014): 394–399.

10. 23 Economic Experts Weigh In: Why Is Productivity Growth So Low?, https://www.focus-economics.com/blog/why-is-productivity-growth-so-low-23-economic-experts-weigh-in.

11. Michael Mumford, Shane Connelly, and Blaine Gaddis, How Creative Leaders Think: Experimental Findings and Cases, Leadership Quarterly 14, no. 4–5 (2003): 411–432.

12. Roni Reiter-Palmon and Jody J. Illies, Leadership and Creativity: Understanding Leadership from a Creative Problem-Solving Perspective, The Leadership Quarterly 15, no. 1 (February 1, 2004): 55–77.

13. Michael Mumford, Shane Connelly, and Blaine Gaddis, How Creative Leaders Think: Experimental Findings and Cases, Leadership Quarterly 14, no. 4–5 (2003): 411–432.

14. Steve Wheelwright and Kim B. Clark, Revolutionizing Product Development(New York: Free Press, 2011).

15. Polly Rizova, Are You Networked for Innovation?, Sloan Management Review, Spring 2006.

16. Ed Catmull, Inside the Pixar Braintrust, Fast Company, March 1, 2014, https://www.fastcompany.com/3027135/inside-the-pixar-braintrust.

17. Andy Boynton and Bill Fischer, Virtuoso Teams: Lessons from Teams That Changed Their Worlds (New York: FT Press, 2005).

18. The Deep Dive with IDEO, https://www.youtube.com/playlist?list=PL65FF22BBC5A7A59C.

19. Rob Goffee and Gareth Jones, Leading Clever People.

20. Mark Marotto, Johan Roos, and Bart Victor, Collective Virtuosity in Organizations: A Study of Peak Performance in an Orchestra, Journal of Management Studies 44, no. 3 (March 26, 2007): 388–413.

21. Barbara Slavich, Rossella Cappetta, and Severino Salvemini, Creativity and the Reproduction of Cultural Products: The Experience of Italian Haute Cuisine Chefs, International Journal of Arts Management 16, no. 2 (Winter 2014): 29–41, 70–71.

22. Mark Marotto, Johan Roos, and Bart Victor, Collective

Virtuosity in Organizations: A Study of Peak Performance in an Orchestra, Journal of Management Studies 44, no. 3 (March 26, 2007): 388–413.

23. James G. (Jerry) Hunt, George E. Stellutob, and Robert Hooijberg, Toward New-Wave Organization Creativity: Beyond Romance and Analogy in the Relationship between Orchestra-Conductor Leadership and Musician Creativity, The Leadership Quarterly 15, no. 1 (2004): 145–162.

24. Morag Barrett, 4 Leadership Lessons from Orchestra Conductors, Entrepreneur, May 20, 2015, https://entrepreneur.com/article/246194.

25. Robert Mirakian, A Graduate Curriculum for Orchestral Conductors, https://scholarworks.iu.edu/dspace/bitstream/handle/2022/19825/Mirakian,%20Robert%20(DM%20Instrumental%20Conducting).pdf;jsessionid=3C8DEF4506F3A06F0E616FBB84C9813C?sequence=1.

Pierfrancesco Bellini, Fabrizio Fioravanti, and Paolo Nesi, Managing Music in Orchestras, Computer 32, no. 9 (September 1999): 26–34.

How to Become a Music Conductor: Education and Career Roadmap, https://study.com/articles/How_to_Become_a_Music_Conductor_Education_and_Career_Roadmap.html.

Sumarga Suanda, How a Conductor Prepares for an Orchestral Performance, https://scholarblogs.emory.edu/cmbc/2015/10/07/how-aconductor-prepares-for-an-orchestral-performance/.

Courtney Lewis, Conducting Electricity: Hearing the Entire Symphony Takes Years of Practice, Florida Time-Union, April 29, 2018, https://www.jacksonville.com/entertainmentlife/20180429/conducting-electricity-hearing-entire-symphony-takes-years-of-practice.

26. Krista Hyde, Jason Lerch, Andrea Norton, et al., Musical Training Shapes Structural Brain Development, Journal of Neuroscience 29, no. 10 (2009): 3019–3025.

27. Clemens Wöllner and Andrea Halpren, Attentional Flexibility and Memory Capacity in Conductors and Pianists, Attention, Perception, & Psychophysics 78 (2016): 198–208.

28. Mark Marotto, Johan Roos, and Bart Victor, Collective Virtuosity in Organizations: A Study of Peak Performance in an Orchestra, Journal of Management Studies 44, no. 3 (March 26, 2007): 388–413.

29. Helen Rosner, One Year of #Metoo: A Modest Proposal to Help Combat Sexual Harassment in the Restaurant Industry, New Yorker, October 10, 2018, https://www.newyorker.com/culture/annals-of-gastronomy/one-year-of-metoo-a-modest-proposal-to-help-dismantle-the-restaurant-industrys-culture-of-sexual-harassment.

30. Nicholas Gill, Culinary Women Serve Up Their Own #Metoo Moment in Sweden, Guardian, March 2, 2018, https://www.theguardian.com/lifeandstyle/2018/mar/02/culinary-women-serve-up-their-own-metoo-moment-in-sweden.

31. Charalampos Mainemelis, Ronit Kark, and Olga Epitropaki, Creative Leadership: A Multi-Concept Conceptualization, The Academy of Management Annals 9, no. 1 (2015): 393–482.

32. J. Keith Murnighan and Donald E. Conlon, The Dynamics of Intense Work Groups: A Study of British String Quartets, Administrative Science Quaterly 36, no. 2 (1991): 165–186.

33. Charalampos Mainemelis, Ronit Kark, and Olga Epitropaki, Creative Leadership: A Multi-Concept Conceptualization, The Academy of Management Annals 9, no. 1 (2015): 393–482.

34. Charalampos Mainemelis, Ronit Kark, and Olga Epitropaki, Creative Leadership: A Multi-Concept Conceptualization, The Academy of Management Annals 9, no. 1 (2015): 393–482.

35. Kelly Lindberg, The Imaginer, Continuum: The Magazine of the University of Utah, Spring 2013, https://continuum.utah.edu/features/the-imaginer.

36. Nic Vargus, Pixar's Ed Catmull on Taking Risks and Checking Your Ego, https://slackhq.com/pixars-ed-catmull-on-taking-risks-and-checking-your-ego.

37. Nic Vargus, Pixar's Ed Catmull on Taking Risks and Checking Your Ego, https://slackhq.com/pixars-ed-catmull-on-taking-risks-and-checking-your-ego.

38. Ed Catmull, Inside the Pixar Braintrust, Fast Company, March 1, 2014, https://www.fastcompany.com/3027135/inside-the-pixar-braintrust.

39. Conducting Successful Gate Meetings, https://project-management.com/conducting-successful-gate-meetings.

40. Ed Catmull, Inside the Pixar Braintrust, Fast Company, March 1, 2014, https://www.fastcompany.com/3027135/inside-the-pixar-braintrust.

41. Ed Catmull, Inside the Pixar Braintrust, Fast Company, March 1, 2014, https://www.fastcompany.com/3027135/inside-the-pixar-braintrust.

42. Mohammadreza Hojat, Michael J. Vergare, Kaye Maxwell, et al., The Devil Is in the Third Year: A Longitudinal Study of Erosion of Empathy in Medical School, Academic Medicine 84, no. 9 (September 2009): 1182–1191.

43. Helen Riess, The Science of Empathy, Journal of Patient Experience 4, no. 2 (June 2017): 74–77.

44. Beth Howard, Kindness in the Curriculum, https://news.aamc.org/medical-education/article/putting-kindness-curriculum.

45. Soloman Asch, Studies of Independence and Conformity: I. A Minority of One against a Unanimous Majority, Psychological Monographs: General and Applied 70, no. 9 (1956): 1–70.

46. James E. Ryan, Wait, What? And Life's Other Essential Questions (New York: HarperCollins, 2017).

47. Andrew Hargaden and Beth Bechky, When Collections of Creatives Become Creative Collectives: A Field Study of Problem Solving at Work, Organization Science 17, no. 4 (2006): 484–500.

48. Ed Catmull, Inside the Pixar Braintrust, Fast Company, March 1, 2014, https://www.fastcompany.com/3027135/inside-the-pixar-braintrust.

49. Andrew Hargaden and Beth Bechky, When Collections of Creatives Become Creative Collectives: A Field Study of Problem Solving at Work, Organization Science 17, no. 4 (2006): 484–500.

50. Amit Mukherjee, The Effective Management of Organizational Learning and Process Control in the Factory.

51. Cristina B. Gibson and Jennifer L. Gibbs, Unpacking the Concept of Virtuality: The Effects of Geographic Dispersion, Electronic Dependence, Dynamic Structure, and National Diversity on Team Innovation, Administrative Sciences Quarterly 51, no. 3 (September 2006): 451–495.

52. Michael A. Roberto, Unlocking Creativity: How to Solve Any Problem and Make the Best Decisions by Shifting Creative Mindsets (Hoboken, NJ: Wiley, 2019). Roberto calls this the "benchmarking mindset". A related issue is the "prediction mindset", which only pursues opportunities that are highly likely to succeed.

53. Michael A. Roberto, Unlocking Creativity: How to Solve Any Problem and Make the Best Decisions by Shifting Creative Mindsets (Hoboken, NJ: Wiley, 2019).

54. Navi Radjou, Jaideep Prabhu, and Simone Ahuja, Jugaad Innovation: Think Frugal, Be Flexible, Generate Breakthrough Growth (Hoboken, NJ: Wiley, 2012).

55. Ed Catmull, Inside the Pixar Braintrust, Fast Company, March 1, 2014, https://www.fastcompany.com/3027135/inside-the-pixar-braintrust.

56. Jennifer J. Deal, Welcome to the 72-Hour Work Week, Harvard Business Review, September 13, 2013.

57. Jane Margolis and Allan Fisher, Unlocking the Clubhouse: Women in Computing (Cambridge: MIT Press, 2002).

58. Clive Thompson, The Secret History of Women in Coding, New York Times Magazine, February 13, 2019, https://www.nytimes.com/2019/02/13/magazine/women-coding-computer-programming.html?searchResultPosition=1.

59. Albert Einstein, Cosmic Religion: With Other Opinions and Aphorisms.

60. Max Nisen, Why GE Had to Kill Its Annual Performance Reviews after More Than Three Decades, Quartz, August 13, 2016, https://qz.com/428813/ge-performance-review-strategy-shift.

61. Peter Cappelli and Anna Tavis, The Performance Management Revolution, Harvard Business Review, October 2016. This article also has a nice summary of the evolution of performance appraisals in the United States, starting with the efforts of the US Army during WW I.

62. Kris Duggan, Why the Annual Performance Review Is Going Extinct, Fast Company, October 20, 2015.

63. Max Nisen, Why GE Had to Kill Its Annual Performance Reviews after More Than Three Decades, Quartz, August 13, 2016,

https://qz.com/428813/ge-performance-review-strategy-shift.

64. Marcus Buckingham and Ashley Goodall, Reinventing Performance Management, Harvard Business Review, April 2015.

65. Amit Mukherjee, It May Be Time to Get Rid of "Smart" Management, Forbes, January 12, 2016, https://www.forbes.com/sites/forbesleadershipforum/2016/01/12/it-may-be-time-to-get-rid-of-smart-management/#3f7632273c07.

66. Hope King, Salesforce CEO: I Didn't Focus on Hiring Women Then. But I Am Now, CNN Business, June 12, 2015, https://money.cnn.com/2015/06/12/technology/salesforce-ceo-women-equal-pay/index.html.

第9章

1. Welcome to the Crisis Era: Are You Ready?, https://www.pwc.com/gx/en/ceo-agenda/pulse/crisis.html.

2. Matthew Rosenberg, Nicholas Confessore, and Carole Cadwalladr, How Trump Consultants Exploited the Facebook Data of Millions, New York Times, March 17, 2018, https://www.nytimes.com/2018/03/17/us/politics/cambridge-analytica-trump-campaign.html#click=https://t.co/UAg1Q5t1BG.

3. Carole Cadwalladr and Emma Graham-Harrison, Revealed: 50 Million Facebook Profiles Harvested for Cambridge Analytica in Major Data Breach, Guardian, March 17, 2018, https://www.theguardian.com/news/2018/mar/17/cambridge-analytica-facebook-influence-us-election.

4. Basil Peters, Venture Capital Exit Times, http://www.angelblog.net/Venture_Capital_Exit_Times.html.

5. Kate Clark, VC Investment-to-Exit Ratio in the US at Record High, https://pitchbook.com/news/articles/vc-investment -to-exit-ratio-in-the-us-at-record-high.

6. Tia Ghose, What Facebook Addiction Looks Like in the Brain, https://www.livescience.com/49585-facebook-addiction-viewed-brain.html.

7. David Lazarus, Facebook Says You "Own" All the Data You Post. Not Even Close, Say Privacy Experts, Los Angeles Times, March 19, 2018, https://www.latimes.com/business/lazarus/la-fi-lazarus-facebook-cambridge-analytica-privacy-20180320-story.html.

8. Aleksandra Korolova, Facebook's Illusion of Control over Location-Related Ad Targeting, Medium, December 18, 2018, https://medium.com/@korolova/face books-illusion-of-control-over-location-related-ad-targeting-de7f865aee78.

9. Elizabeth Dwoskin and Craig Timberg, Facebook Discussed Using People's Data as a Bargaining Chip, Emails and Court Filings Suggest, Washington Post, November 30, 2018, https://www.washingtonpost.com/technology/2018/11/30 /facebook-used-peoples-data-bargaining-chip-emails-court-filings-suggest/?utm_term=.9796f3856688.

10. Jennifer Valentino-DeVries, Natasha Singer, Michael H. Keller, et al., Your Apps Know Where You Were Last Night, and They're Not

Keeping It Secret, New York Times, December 10, 2018, https://www.nytimes.com/interactive/2018/12/10/business/location-data-privacy-apps.html.

11. Ananya Bhattacharya, Facebook Patent: Your Friends Could Help You Get a Loan—Or Not, CNN Business, August 4, 2015, https://money.cnn.com/2015/08/04/technology/facebook-loan-patent.

12. Casey Newton, It's Time to Regulate Tech Platforms with Laws, Not Fines, The Verge, July 30, 2019, https://www.theverge.com/interface/2019/7/30/20746427/facebook-ftc-settlement-congress-privacy-law.

13. Alina Selyukh, Section 230: A Key Legal Shield For Facebook, Google Is about to Change, https://www.npr.org/sections/alltechconsidered/2018/03/21/591622450/section-230-a-key-legal-shield-for-facebook-google-is-about-to-change.

14. Philip Napolin and Royn Caplan, Why Media Companies Insist They're Not Media Companies, Why They're Wrong, and Why It Matters, First Monday 22, no. 5 (May 1, 2017), https://firstmonday.org/ojs/index.php/fm/article/view/7051/6124#p2.

15. Jason Koebler and Joseph Cox, The Impossible Job: Inside Facebook's Struggle to Moderate Two Billion People, Vice, August 23, 2018, https://motherboard.vice.com/en_us/article/xwk9zd/how-facebook-content-moderation-works.

16. Shannon Liao, Mark Zuckerberg Calls Tim Cook's Comments on Facebook "Extremely Glib", The Verge, April 2, 2018, https://

www.theverge.com/2018/4/2/17188660/mark-zuckerberg-tim-cook-comments-facebook-extremely-glib.

17. Julia Carrie Wong, Apple's Tim Cook Rebukes Zuckerberg over Facebook's Business Model, Guardian, March 28, 2018, https://www.theguardian.com/technology/2018/mar/28/facebook-apple-tim-cook-zuckerberg-business-model.

18. Mark Zuckerberg, Mark Zuckerberg: The Internet Needs New Rules. Let's Start in These Four Areas, Washington Post, March 30, 2019, https://www.washingtonpost.com/opinions/mark-zuckerberg-the-internet-needs-new-rules-lets-start-in-these-four-areas/2019/03/29/9e6f0504-521a-11e9-a3f7-78b7525a8d5f_story.html?utm_term=.240d1fdb9b06.

19. Mike Isaac, Mark Zuckerberg's Call to Regulate Facebook, Explained, New York Times, March 30, 2019, https://www.nytimes.com/2019/03/30/technology/mark-zuckerberg-facebook-regulation-explained.html.

20. Ben Brody, Zuckerberg's Calls for Regulation Are Seen Missing the Mark, Bloomberg, April 1, 2019, https://www.bloomberg.com/news/articles/2019-04-01/zuckerberg-s-calls-for-regulation-are-seen-missing-the-mark.

21. Nick Davies and Amelia Hill, Missing Milly Dowler's Voicemail Was Hacked by News of the World, Guardian, July 4, 2011, https://www.theguardian.com/uk/2011/jul/04/milly-dowler-voicemail-hacked-news-of-world.

22. Erin McCormick and N. Craig Smith, Volkswagen's Emissions Scandal: How Could It Happen?, INSEAD, 2018.

23. Luann J. Lynch and Cameron Cutro, The Wells Fargo Banking Scandal.

24. UK Phone Hacking Scandal Fast Facts by CNN Library, CNN, April 29, 2019.

25. Erin McCormick and N. Craig Smith, Volkswagen's Emissions Scandal: How Could It Happen?, INSEAD, 2018.

26. How Wells Fargo's Cutthroat Corporate Culture Allegedly Drove Bankers to Fraud by Bethany Mclean, https://www.vanityfair.com/news/2017/05/wells-fargo-corporate-culture-fraud.

27. Sharon Waxman, In Testimony, It's Rupert Murdoch the CEO Dilettante, Reuters, July 19, 2011, https://www.reuters.com/article/idUS234903919820110719.

28. Brian Tayan, The Wells Fargo Cross-Selling Scandal, Stanford Closer Look Series, January 8, 2019.

29. Renae Merle, After Years of Apologies for Customer Abuses, Wells Fargo CEO Tim Sloan Suddenly Steps Down, Washington Post, March 28, 2019.

30. Erin McCormick and N. Craig Smith, Volkswagen's Emissions Scandal: How Could It Happen?, INSEAD, 2018.

31. Richard Bohmer, Amy Edmondson, and Michael A. Roberto, Columbia's Final Mission.

32. Richard Bohmer, Amy Edmondson, and Michael A. Roberto,

Columbia's Final Mission.

33. Steve Hall, Jean-Francois Baril's Five Truths of Procurement Leadership, Procurement Leaders, March 20, 2012.

34. Mara Hvistendahl, Inside China's Vast New Experiment in Social Ranking, Wired, December 14, 2017, https://www.wired.com/story/age-of-social-credit.

35. McKenzie Rees, Ann Tenbrunsel, and Max Bazerman, Bounded Ethicality and Ethical Fading in Negotiations: Understanding Unintended Unethical Behavior, Academy of Management Perspectives 33, no. 1 (February 28, 2019): 1–17.

36. Ann Tenbrunsel, Kristina Diekmann, Kimberly Wade-Benzoni, et al., The Ethical Mirage: A Temporal Explanation as to Why We Are Not as Ethical as We Think We Are, Research in Organizational Behavior 30 (2010): 153–173.

37. Rob Tornoe, What Happened at Starbucks in Philadelphia?, The Inquirer, April 16, 2018, https://www.philly.com/philly/news/starbucks-philadelphia-arrests-black-men-video-viral-protests-background-20180416.html.

38. Matthew Dollinger, Starbucks, "the Third Place", and Creating the Ultimate Customer Experience, Fast Company, June 11, 2008, https://www.fastcompany.com/887990/starbucks-third-place-and-creating-ultimate-customer-experience.

39. Rod Wagner, The Philadelphia Incident Was Terrible; Starbucks' Response Was Admirable, Forbes, June 1, 2018, https://www.

forbes.com/sites/roddwagner/2018/06/01/the-philadelphia-incident-was-terrible-starbucks-response-was-admirable/#4cd5a45c23bc.

40. Nick Vadala, Stephen Colbert Slams Starbucks over Philly Arrests on "Late Show", The Inquirer, April 20, 2018, https://www.philly.com/philly/entertainment/celebrities/starbucks-stephen-colbert-arrests-training-20180420.html.

41. Sam Sanders, Starbucks Will Stop Putting the Words "Race Together" on Cups, NPR, March 22, 2015, https://www.npr.org/sections/thetwo-way/2015/03/22/394710277/starbucks-will-stop-writing-race-together-on-coffee-cups.

42. McKenzie Rees, Ann Tenbrunsel, and Max Bazerman, Bounded Ethicality and Ethical Fading in Negotiations: Understanding Unintended Unethical Behavior, Academy of Management Perspectives 33, no. 1 (February 28, 2019): 1–17.

43. Varda Liberman, Steven M. Samuels, and Lee Ross, The Name of the Game: Predictive Power of Reputation versus Situational Labels in Determining Prisoner's Dilemma Game Moves, Personality and Social Psychology Bulletin 30, no. 9 (September 1, 2004): 1175–1185.

44. Kimberly Wade-Benzoni, Ann E. Tenbrunsel, and Max H. Bazerman, Egocentric Interpretations of Fairness in Asymmetric, Environmental Social Dilemmas: Explaining Harvesting Behavior and the Role of Communication, Organization Behavior and Human Decision Processes 67, no. 2 (1996): 111–126.

45. David Lehman, Kieran O'Connor, Balázs Kovács, et al.,

Authenticity, Academy of Management Annals 13, no. 1 (2019): 1–42.

46. David Lehman, Kieran O'Connor, Balázs Kovács, et al., Authenticity, Academy of Management Annals 13, no. 1 (2019): 1–42.

47. Ariana Brockington, Apple's Tim Cook Slams Facebook: Privacy "Is a Human Right", "A Civil Liberty", Variety, March 28, 2018.

48. Ellen Nakashima, Apple Vows to Resist FBI Demand to Crack iPhone Linked to San Bernardino Attacks, Washington Post, February 17, 2016, https://www.washingtonpost.com/world/national-security/us-wants-apple-to-help-unlock-iphone-used-by-san-bernardino-shooter/2016/02/16/69b903ee-d4d9-11e5-9823-02b905009f99_story.html?utm_term=.52b69d695d16.

49. Mike Isaac, Apple Shows Facebook Who Has the Power in an App Dispute, New York Times, January 31, 2019, https://www.nytimes.com/2019/01/31/technology/apple-blocks-facebook.html?action=click&module=News&pgtype=Homepage.

50. Apple, Apple's 2019 Definitive Proxy Statement Pursuant to Section 14(a) of the Securities Exchange Act of 1934, https://www.sec.gov/Archives/edgar/data/320193/000119312517380130/d400278ddef14a.htm.

51. Mission 2016: The Future of Strategic Natural Resources Project at MIT, http://web.mit.edu/12.000/www/m2016/finalwebsite/problems/ree.html.

52. Varda Liberman, Steven M. Samuels, and Lee Ross, The Name

of the Game: Predictive Power of Reputation versus Situational Labels in Determining Prisoner's Dilemma Game Moves, Personality and Social Psychology Bulletin 30, no. 9 (September 1, 2004): 1175–1185.

53. Ann Tenbrunsel, Kristina Diekmann, Kimberly Wade-Benzoni, et al., The Ethical Mirage: A Temporal Explanation as to Why We Are Not as Ethical as We Think We Are, Research in Organizational Behavior 30 (2010): 153–173.

54. Ting Zhang, Francesca Gino, and Joshua Margolis, Does "Could" Lead to Good? On the Road to Moral Insight, Academy of Management Journal 61, no. 3 (2018): 857–895.

第10章

1. James Manyika, Susan Lund, Michael Chui, et al., Jobs Lost, Jobs Gained: Workforce Transitions in a Time of Automation, McKinsey Global Institute, December 2017, https://www.mckinsey.com/~/media/mckinsey/featured%20insights/Future%20of%20Organizations/What%20the%20future%20of%20work%20will%20mean%20for%20jobs%20skills%20and%20wages/MGI-Jobs-Lost-Jobs-Gained-Report-December-6-2017.ashx.

2. Paul Davidson, More High Schools Teach Manufacturing Skills, USA Today, November 12, 2014, https://www.usatoday.com/story/money/business/2014/11/12/high-schools-teach-manufacturing-skills/17805483.

3. Nicholas Wyman, Why We Desperately Need to Bring Back

Vocational Training in Schools?, Forbes, September 1, 2015, https://www.forbes.com/sites/nicholaswyman/2015/09/01/why-we-desperately-need-to-bring-back-vocational-training-in-schools/#7e9e986887ad.

4. Clifford Krauss, Texas Oil Fields Rebound from Price Lull, but Jobs Are Left Behind, New York Times, February 19, 2017, https://www.nytimes.com/2017/02/19/business/energy-environment/oil-jobs-technology.html.

5. Ramchandran Jaikumar, From Filing and Fitting to Flexible Manufacturing: A Study in the Evolution of Process Control, Foundations and Trends(R) in Technology, Information and Operations Management 1, no. 1 (2005): 1–120, https://ideas.repec.org/a/now/fnttom/0200000001.html.

6. James Manyika, Susan Lund, Michael Chui, et al., Jobs Lost, Jobs Gained: Workforce Transitions in a Time of Automation, McKinsey Global Institute, December 2017, https://www.mckinsey.com/~/media/mckinsey/featured%20insights/Future%20of%20Organizations/What%20the%20future%20of%20work%20will%20mean%20for%20jobs%20skills%20and%20wages/MGI-Jobs-Lost-Jobs-Gained-Report-December-6-2017.ashx.

7. Dave Eggers, The Circle (New York: Vintage Books, 2014).

8. Bidhan Parmar and Edward Freeman, Ethics and the Algorithm, Sloan Management Review, Fall 2016.

9. George Westerman, Why Digital Transformation Needs a Heart, Sloan Management Review, Fall 2016.

10. Greg Nichols, Workers Don't Fear Automation (Because They Don't Understand It), ZDNet, December 6, 2017, https://www.zdnet.com/article/workers-dont-fear-automation-because-they-dont-understand-it.

11. Brent Clark, Christopher Robert, and Stephen Hampton, The Technology Effect: How Perceptions of Technology Drive Excessive Optimism, Journal of Business and Psychology 31, no. 1 (2016): 87–102.

12. Kimberly D. Elsbach and Ileana Stigliani, New Information Technology and Implicit Bias, Academy of Management Perspectives 33, no. 2 (May 1, 2019): 185–206.

13. Robert Lowe and Arvids Ziedonis, Overoptimism and the Performance of Entrepreneurial Firms, Management Science 52, no. 2 (2006): 173–186.

14. Vilhelm Carlström, This Finnish Company Just Made an AI Part of the Management Team, Business Insider Nordic, October 17, 2016, https://nordic.businessinsider.com/this-finnish-company-just-made-an-ai-part-of-the-management-team-2016-10.

15. Michael A. Roberto, Unlocking Creativity: How to Solve Any Problem and Make the Best Decisions by Shifting Creative Mindsets (Hoboken, NJ: Wiley, 2019).

16. Tobias Baer and Vishnu Kamalnath, Controlling Machine-Learning Algorithms and Their Biases, McKinsey Quarterly, November 2017, https://www.mckinsey.com/business-functions/risk/our-insights/

controlling-machine-learning-algorithms-and-their-biases.

17. Maria Korolov, AI's Biggest Risk Factor: Data Gone Wrong, CIO Magazine, February 13, 2018, https://www.cio.com/article/3254693/artificial-intelligence/ais-biggest-risk-factor-data-gone-wrong.html.

18. Christopher Heine, Microsoft's Chatbot "Tay" Just Went on a Racist, Misogynistic, Anti-Semitic Tirade, AdWeek, March 24, 2016, https://www.adweek.com/digital/microsofts-chatbot-tay-just-went-racist-misogynistic-anti-semitic-tirade-170400.

19. Natasha Singer, Amazon's Facial Recognition Wrongly Identifies 28 Lawmakers, A.C.L.U. Says, New York Times, July 26, 2018, https://www.nytimes.com/2018/07/26/technology/amazon-aclu-facial-recognition-congress.html.

20. Joy Buolamwini, How I'm Fighting Bias in Algorithms, https://www.ted.com/speakers/joy_buolamwini.

21. For Artificial Intelligence to Thrive, It Must Explain Itself, Economist, February 15, 2018, https://www.economist.com/science-and-technology/2018/02/15/for-artificial-intelligence-to-thrive-it-must-explain-itself.

22. Haslina Ali and Rubén Mancha, Coming to Grips with Dangerous Algorithms, Sloan Management Review, Fall 2016.

23. Joy Buolamwini, How I'm Fighting Bias in Algorithms, https://www.youtube.com/watch?v=UG_X_7g63rY.

24. Bidhan Parmar and Edward Freeman, Ethics and the

Algorithm, Sloan Management Review, Fall 2016.

25. Reid Hoffman, Using Artificial Intelligence to Set Information Free, Sloan Management Review, Fall 2016.

26. OpenAI, Better Language Models and Their Implications, https://openai.com/blog/better-language-models/#sample8.

27. Rachel Metz, This AI Is So Good at Writing That Its Creators Won't Let You Use It, CNN Business, February 18, 2019, https://www.cnn.com/2019/02/18/tech/dangerous-ai-text-generator/index.html.

28. Gina Kolata, Sui-Lee Wee, and Pam Belluck, Chinese Scientist Claims to Use Crispr to Make First Genetically Edited Babies, New York Times, November 26, 2018, https://www.nytimes.com/2018/11/26/health/gene-editing-babies-china.html.

29. Can We Trust Ourselves When It Comes to Gene Editing?, https://www.canwelivebetter.bayer.com/innovation/can-we-trust-ourselves-when-it-comes-to-gene-editing?ds_rl=1259492&gclid=EAIaIQobChMIyuWWuZrQ4AIViq_ICh1DKAYKEAMYASAAEgI16vD_BwE&gclsrc=aw.ds.

30. Arthur C. Clarke, Hazards of Prophecy: The Failure of Imagination, in Profiles of the Future: An Enquiry into the Limits of the Possible (New York: Harper and Row, 1973).

31. Abby Abazorius, How Data Can Change the World, MIT News, September 26, 2016, http://news.mit.edu/2016/IDSS-celebration-big-data-change-world-0926.

32. Ian Chipman, How Data Analytics Is Going to Transform All

Industries, Stanford Engineering Research & Ideas, February 23, 2016, https://engineering.stanford.edu/magazine/article/how-data-analytics-going-transform-all-industries.

33. Big Data: How Data Analytics Is Transforming the World, https://guidebookstgc.snagfilms.com/1382_DataAnalytics.pdf.

34. How Is Big Data Going to Change the World?, https://www.weforum.org/agenda/2015/12/how-is-big-data-going-to-change-the-world.

35. Nicolaus Henke, Jacques Bughin, Michael Chui, et al., The Age of Analytics: Competing in a Data-Driven World, https://www.mckinsey.com/~/media/McKinsey/Business%20Functions/McKinsey%20Analytics/Our%20Insights/The%20age%20of%20analytics%20Competing%20in%20a%20data%20driven%20world/MGI-The-Age-of-Analytics-Full-report.ashx.

36. Herman Heyns and Chris Mazzei, Becoming an Analytics-Driven Organization to Create Value, https://www.ey.com/Publication/vwLUAssets/EY-global-becoming-an-analytics-driven-organization/%24FILE/ey-global-becoming-an-analytics-driven-organization.pdf.

37. Maria Korolov, AI's Biggest Risk Factor: Data Gone Wrong, CIO Magazine, February 13, 2018, https://www.cio.com/article/3254693/artificial-intelligence/ais-biggest-risk-factor-data-gone-wrong.html.

38. Robert Austin, Unleashing Creativity with Digital Technology,

Sloan Management Review, Fall 2016.

39. Arthur Jago, Algorithms and Authenticity, Academy of Management Discoveries 5, no. 1 (March 26, 2019): 38–56.

40. Kate Darling, "Who's Johnny?" Anthropomorphic Framing in HumanRobot Interaction, Integration, and Policy, in Robot Ethics 2.0, ed. P. Lin, G. Bekey, K. Abney, et al. (New York: Oxford University Press, 2017).

41. Kate Darling, Why We Have an Emotional Connection to Robots, https://www.ted.com/talks/kate_darling_why_we_have_an_emotional_connection_to_robots#t-699288.

42. Leila Takayama, What's It Like to Be a Robot?, https://www.ted.com/talks/leila_takayama_what_s_it_like_to_be_a_robot.

43. Driver Deactivation Policy, https://help.uber.com/partners/article/driver-deactivation-policy?nodeId=ada3b961-e3c2-48e6-ac3f-2db5936e37a9.

44. Samantha Allen, The Mysterious Way Uber Bans Drivers, The Daily Beast, January 27, 2015, https://www.thedailybeast.com/the-mysterious-way-uber-bans-drivers.

45. John Koetsier, Uber Might Be the First AI-First Company, Which Is Why They "Don't Even Think about It Anymore", Forbes, August 22, 2018, https://www.forbes.com/sites/johnkoetsier/2018/08/22/uber-might-be-the-first-ai-first-company-which-is-why-they-dont-even-think-about-it-anymore/#5ca511e35b62.

46. Colin Lecher, How Amazon Automatically Tracks and Fires

Warehouse Workers for "Productivity", The Verge, April 25, 2019, https://www.theverge.com/2019/4/25/18516004/amazon-warehouse-fulfillment-centers-productivity-firing-terminations.

47. Arthur Jago, Algorithms and Authenticity, Academy of Management Discoveries 5, no. 1 (March 26, 2019): 38–56.

48. Jürgen Brandstetter, Péter Rácz, Clay Beckner, et al., A Peer Pressure Experiment: Recreation of the Asch Conformity Experiment with Robots, 2014 IEER/RSI International Conference on Intellingent Robers and Systems, September 2014.

49. Kate Darling, Extending Legal Protection to Social Robots, IEEE Spectrum, September 10, 2012, https://spectrum.ieee.org/automaton/robotics/artificial-intelligence/extending-legal-protection-to-social-robots.

50. Kimberly D. Elsbach and Ileana Stigliani, New Information Technology and Implicit Bias, Academy of Management Perspectives 33, no. 2 (May 1, 2019): 185–206.

51. Amy Edmondson, Strategies for Learning from Failure, Harvard Business Review, April 2011.

52. Mark Meckler and Kim Boal, Decision Errors, Organizational Iatrogenesis and Error of the 7th Kind, Academy of Management Perspectives, October 15, 2018.

53. Hope Reese, Why Microsoft's "Tay" AI Bot Went Wrong, TechRepublic, March 24, 2016, https://www.techrepublic.com/article/why-microsofts-tay-ai-bot-went-wrong.

54. Design Council, Design Methods for Developing Services, https://www.designcouncil.org.uk/resources/guide/design-methods-developing-services.

55. Peter Bright, Tay, the Neo-Nazi Millennial Chatbot, Gets Autopsied, Ars Technica, March 25, 2016, https://arstechnica.com/information-technology/2016/03/tay-the-neo-nazi-millennial-chatbot-gets-autopsied.

56. Robert Waterman and Tom Peters, In Search of Excellence (New York: Harper & Row, 1982).

57. Caroline Nyce, The Winter Getaway That Turned the Software World Upside Down, The Atlantic, December 8, 2017, https://www.theatlantic.com/technology/archive/2017/12/agile-manifesto-a-history/547715.

58. Martin Fowler, Writing the Agile Manifesto, https://martinfowler.com/articles/agileStory.html.

59. Dominic Gates, Flawed Analysis, Failed Oversight: How Boeing, FAA Certified the Suspect 737 MAX Flight Control System, Seattle Times, March 17, 2019, https://www.seattletimes.com/business/boeing-aerospace/failed-certification-faa-missed-safety-issues-in-the-737-max-system-implicated-in-the-lion-air-crash.

60. Matt Stieb, Report: Self-Regulation of Boeing 737 MAX May Have Led to Major Flaws in Flight Control System, New York Magazine Intelligencer, March 17, 2019, https://nymag.com/intelligencer/2019/03/report-the-regulatory-failures-of-the-boeing-737-

max.html.

61. Andrew Tangel, Andy Pasztor and Mark Maremont, The Four-Second Catastrophe: How Boeing Doomed the 737 MAX, Wall Street Journal, August 16, 2019.

62. Andrew Tangel, Andy Pasztor and Mark Maremont, The Four-Second Catastrophe: How Boeing Doomed the 737 MAX, Wall Street Journal, August 16, 2019.

63. Dominic Gates, Flawed Analysis, Failed Oversight: How Boeing, FAA Certified the Suspect 737 MAX Flight Control System, Seattle Times, March 17, 2019, https://www.seattletimes.com/business/boeing-aerospace/failed-certification-faa-missed-safety-issues-in-the-737-max-system-implicated-in-the-lion-air-crash.

64. Andrew Tangel, Andy Pasztor and Mark Maremont, The Four-Second Catastrophe: How Boeing Doomed the 737 MAX, Wall Street Journal, August 16, 2019.

65. Andrew Tangel, Andy Pasztor and Mark Maremont, The Four-Second Catastrophe: How Boeing Doomed the 737 MAX, Wall Street Journal, August 16, 2019.

66. Andrew Tangel, Andy Pasztor and Mark Maremont, The Four-Second Catastrophe: How Boeing Doomed the 737 MAX, Wall Street Journal, August 16, 2019.

67. Amit Mukherjee, The Case against Agility, Sloan Management Review, September 26, 2017.

68. Richard Bohmer, Amy Edmondson, and Michael A. Roberto,

Columbia's Final Mission.

69. Daniel Weisfield, Peter Thiel at Yale: We Wanted Flying Cars, but We Got 140 Characters, https://som.yale.edu/blog/peter-thiel-at-yale-we-wanted-flying-cars-instead-we-got-140-characters.

第11章

1. Paul Mozur, Jonah M. Kessel, and Melissa Chan, Made in China, Exported to the World: The Surveillance State, New York Times, April 24, 2019, https://www.nytimes.com/2019/04/24/technology/ecuador-surveillance-cameras-police-government.html?action=click&module=Top%20Stories&pgtype=Homepage.

2. Joseph Stiglitz, Progressive Capitalism Is Not an Oxymoron, New York Times, April 19, 2019,https://www.nytimes.com/2019/04/19/opinion/sunday/progressive-capitalism.html?searchResultPosition=2.

致谢

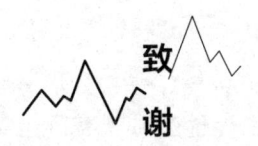

这本书已经持续不断地修订了三年多的时间,而在此之前,书在我的脑海中构想的时间还要更久。在此期间,我与许多的企业高管进行了交谈,对他们进行了正式采访。虽然这本书只提到了很小部分的受访者,但我由衷地感谢所有为此所花费宝贵时间的人,感谢他们同我分享有关领导力的经验与智慧。

特别要感谢国际管理学院为这项研究提供了大部分的资金支持,使得本项工作得以顺利开展。

此外,我还获得了五位同伴的大力支持。阿米塔巴·乔杜里(Amitabha Chaudhuri)博士,一家生物制药公司的首席技术官(CTO),他花了好几小时向我解释,人类基因组测序的结果是如何改变药物研发过程的。他通过这个例子来告诫我,不要把复杂的问题过于简单化,任何被遗漏的失误都可能变成我的责任。

还有我亲爱的朋友们：退休工程师维杰·盖伊和国际管理学院的迈克尔·瓦金斯教授，是我在早期构思时的参谋。他们结合自己的独特经验为我提供建议，使我的一些观点得到了优化。书中的第一部分尤其受益于他们的付出。我还要感谢我的另一位朋友托德·罗德斯（Todd Rhodes），他阅读了每一章的初稿并给出了反馈，虽然他觉得自己的贡献不足挂齿，但他的洞察实际上给我提供了很多帮助。还有一位，是来自麻省理工学院出版社的策划编辑，艾米莉·塔贝尔（Emily Taber）。她不仅同意出版这本书，在出版过程中也一直尽力地帮助我优化，使书的内容变得更丰满。如果说时间倒退回几周前，我还不知道作者为什么要感谢他们的编辑的话，现在（经过与艾米莉的合作）我知道了。

学术研究之所以有效，是因为著作是经过同行盲审的。这其实是一项吃力不讨好的任务，我为那些自愿这样做的人鼓掌，包括对我的想法发表意见的四位同行。